《应用型高校5H教育理念与实践》论文集

中瑞教师5H项目组 / 编

图书在版编目（CIP）数据

《应用型高校 5H 教育理念与实践》论文集 / 中瑞教师 5H 项目组编． -- 长春 ：东北师范大学出版社，2023.10

ISBN 978-7-5771-0667-0

Ⅰ．①应… Ⅱ．①中… Ⅲ．①高等学校－师资培养－文集 Ⅳ．① G645.12

中国国家版本馆 CIP 数据核字（2023）第 201703 号

编委会成员：

  毛甜 曾丽婷

□责任编辑：于天娇 □封面设计：优盛文化
□责任校对：卢永康 □责任印制：许 冰

东北师范大学出版社出版发行
长春市净月经济开发区金宝街 118 号（邮政编码：130117）
销售热线：0431-85690289
网址：http://www.nenup.com
东北师范大学音像出版社制版
石家庄汇展印刷有限公司印装
河北省石家庄市栾城区樊家屯村人大路与长安街西行 300 米路南
2023 年 10 月第 1 版 2024 年 1 月第 1 次印刷
幅画尺寸：170mm×240mm 印张：12 字数：200 千

定价：88.00 元

前 言

在教育的大舞台上,中瑞酒店管理学院(以下简称"中瑞")5H 项目如同一盏明灯,照亮了应用型本科教育的前进方向。中瑞以其独特的理念和实践,创造了光辉业绩。十五年的历程充满了探索、创新和跨越,凝聚了中瑞人对教育的热忱和信念,也见证了成千上万个教育者和学习者的成长。5H 分别代表 Hand(动手)、Head(用脑)、Heart(走心)、Health(健康)和 Happiness(快乐),这五个要素相互交织,构建了完整的教育生态。《酒店业"黄埔军校"应用型本科教育教学创新与实践——中瑞酒店管理学院 5H 育人巡礼》是中瑞多年来探索和实践成果的精彩呈现,它以论文集的形式,从多角度展现了中瑞的育人理念和实践。通过 5H 教育理念的引领,师生在"动手、用脑、走心、健康、快乐"的框架下成长,不断挑战自我、开拓创新。

从最初的构想,到如今的成熟运行,5H 培训项目见证了教育的力量。它承载了中瑞院长高松涛提出的崭新理念,这是教育的大胆尝试。5H 理念的诞生,不仅是中瑞育人理念的升华,而且是未来教育的有力实践。在这里,教师不仅是知识的传授者,而且是启迪者、培养者。然而,教育的影响力不限于教师一方。随着时间的推移,人们意识到,在这个不断演变的时代,教育体系需要更广泛的创新和变革,需要所有与教育相关的力量共同努力。正是出于这个信念,5H 教育理念由教师拓展至教辅人员、全体中瑞学子。这一举措是对每一位教育管理者、教育对象的尊重和期许。有机融合整个教育生态系统,这样才能构筑一个真正有活力、有温度的教育社区。

　　这本论文集聚焦教育创新与实践，呈现了教育理念、教学方法的全貌。这本论文集整合了丰富的经验和成功案例，包括5H——育人理念篇、Hand——动手实践篇、Head——用脑提升篇、Heart——走心育人篇、Health 和 Happiness——持续发展篇五部分，为读者提供了多维度的教育参考思路。这本论文集不仅是中瑞教育实践的总结，而且是教育创新的探索。通过这本论文集，愿与广大教育工作者共同思考：如何在应用型本科教育中做得更好？如何培养更具创新能力的学生？如何让教育融入生活的每个细节？

　　这本论文集是项目组不懈探索的见证，承载着中瑞人对教育的深情和对教育未来的热切展望，希望这本论文集能够供广大教育工作者借鉴。在这个新时代，教育是前行的动力，创新是持续发展的引擎。本项目组愿与教育界同人携手并进，为教育事业的繁荣发展贡献智慧与力量。让我们一同踏上这场探索之旅，创造出更多属于教育的奇迹！

中瑞酒店管理学院教师 5H 认证培训项目组
2023 年 10 月

目 录

第一部分　5H——育人理念篇 ················· **001**

中瑞酒店管理学院育人文化体系················· 002

产教融合背景下中瑞酒店管理学院特色人才

培养体系探索与实践························· 019

应用型高校"五级双通道"师资培育体系的构建与实践······· 029

积分制在应用型高校教师职业素养培训中的探索与应用

　　——以中瑞酒店管理学院教师5H认证中级培训为例 ······· 035

5H理念在提升高校基层行政队伍职业素养中的应用探析

　　——以中瑞酒店管理学院为例··················· 041

民办高校人才梯队建设研究

　　——以中瑞酒店管理学院为例··················· 047

第二部分　Hand——动手实践篇 ················· **053**

酒店专业操作技能的培养在实操教学中的探索

　　——以中瑞酒店管理学院"餐饮服务应用"课程为例 ······· 054

实操课剧本式教案编写研究

　　——以中瑞酒店管理学院"夫妻肺片"菜品制作课为例 ······ 061

酒店货物验收实操教学设计探析
　　——以中瑞酒店管理学院为例 ················· 067
西餐英语课程的改革创新及实践
　　——以中瑞酒店管理学院为例 ················· 073

第三部分　Head——用脑提升篇 ················· 079

业财融合理念下酒店管理专业财务管理类课程体系构建
　　——以中瑞酒店管理学院为例 ················· 080
Excel 建模在酒店财务课程中的应用研究
　　——以"酒店投融资与回报"课程为例 ··········· 086
应用型本科"战略管理"课程教学及设计研究 ········· 094
"高端物业法律风险"课程教学设计与实践 ··········· 100
基于核心素养的"信息系统工具"课程设计与开发 ····· 107
基于职业素养的"宴会与会议销售管理"课程优化研究
　　——以中瑞酒店管理学院课程为例 ············· 114

第四部分　Heart——走心育人篇 ················· 121

基于课程思政的西方经济学课程教学研究与实践 ······· 122
思政教育元素融入理论课程的途径探究
　　——以中瑞酒店管理学院人力资源管理课程为例 ··· 129
业财融合视角下酒店前厅收入稽核要点 ··············· 136
学生线上学习的调研与思考
　　——以中瑞酒店管理学院为例 ················· 140
VUCA 时代下，酒店业的"反脆弱"法则 ············· 149

第五部分　Health 和 Happiness——持续发展篇 ………… 153

浅论大学英语课堂中激励教学的运用 ……………………… 154

大学生跨文化交际能力的培养探析

　　——以中瑞酒店管理学院高级英语课程为例 …………… 159

行为改造激励理论在华尔兹教学中的应用探究 …………… 163

高校女生参与瑜伽训练的积极影响研究 …………………… 169

体验式教学在大学生心理健康教育课程中的探索

　　——以中瑞酒店管理学院"悦心俱乐部"为例 ………… 176

第一部分
5H——育人理念篇

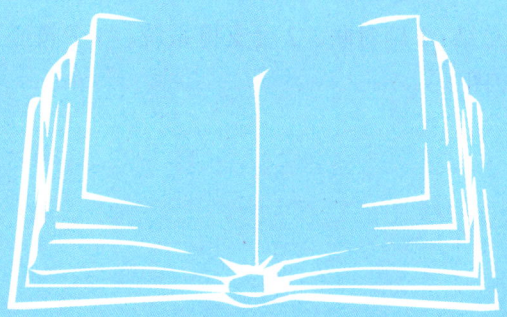

中瑞酒店管理学院育人文化体系[①]

高松涛[②]

摘　要： 文化是一所高校的软实力。被誉为酒店业"黄埔军校"的中瑞酒店管理学院有着独特的校园文化。1 副对联、2 套支撑系统、3 个核心价值观和 3 个零容忍、4IP、5H 是中瑞酒店管理学院的育人文化理念和办学特色。本文从中瑞酒店管理学院的育人文化理念、养成式教育体系、办学成果三方面对中瑞酒店管理学院的校园文化进行了介绍。

关键词： 中瑞酒店管理学院　酒店管理　校园文化　人才培养

中瑞酒店管理学院（以下简称"中瑞"）是中华人民共和国教育部（以下简称"教育部"）批准设立的全日制本科普通高等学校。办学十余年来，中瑞突破传统教育模式，以酒店管理专业为核心，以业界需求为导向，探索出了一条成功的中国应用型大学之路，逐渐成为酒店教育界的一面旗帜，并被誉为酒店业的"黄埔军校"。在此过程中，中瑞独特的校园文化功不可没。

一、中瑞的育人文化理念

中瑞的育人文化理念和办学特色可以简明扼要地用"12345"来概括总结：1 副对联、2 套支撑系统、3 个核心价值观和 3 个零容忍、4IP、5H（图 1）。

[①] 收稿日期：2022 年 12 月。本书所注收稿日期为 5H 项目组收到稿件的时间。
[②] 高松涛，中瑞酒店管理学院院长，中国人民大学经济学博士。中国旅游协会旅游教育分会副会长，教育部酒店及泛服务业中外人文交流研究院理事长。

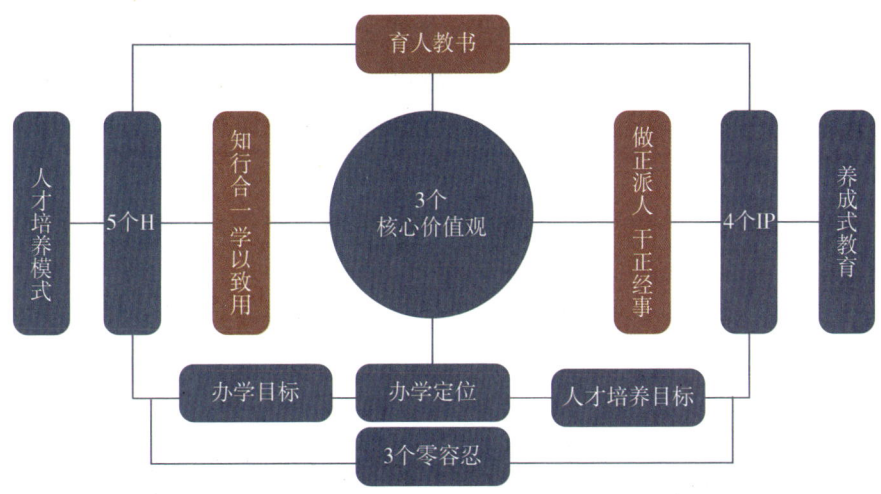

图 1　中瑞的育人文化理念和办学特色

（一）1 副对联

上联是"知行合一，学以致用"，下联是"做正派人，干正经事"，横批是"育人教书"。这是中瑞校园文化的基础，也是中瑞人才培养体系的基础。

"育人教书"是中瑞在办学之初提出的，它改变了传统意义上"教书育人"的次序，强调"育人为先"。中瑞提倡"育人先育己"，提倡教师言传身教，倡导学生努力成为一个品行兼优的人，努力做好每一件事，提升人品德行，提升职业素养和职业技能，让学生"做正派人，干正经事"。中瑞提倡全心全意为学生服务，尊重学生、关心学生、帮助学生、爱护学生，确保学生践行"知行合一，学以致用"的校训，不断提升学生的职业素养和职业技能。

（二）2 套支撑系统

中瑞办学理念中的 2 套支撑系统包含独特的养成式校园文化和全球领先的人才培养模式。其中，全球领先的人才培养模式主要体现在以下方面。

中瑞搭建真实的职业育人环境，强化沉浸式全景育人效果，真正做到了教学运营一体化、理论实践一体化，让学生在干中学、学中干。中瑞有自己的教学酒店，如红酒雪茄吧、中西餐厅、咖啡实验室、客房、宴会厅等，这些地方既是经营场所又是课堂（图2）。在教学酒店，学生在教师的指导下进行运营和学习，教师既是部门经理又是学业导师。在教学酒店，鼓励学生犯错误，如学生在实践过程中无意打坏器具时，无须赔偿，在场师生都会鼓掌，以示鼓励，目的是缓解学生的紧张情绪。学生在常规课堂和教学酒店完成物资采购、餐饮服务、客房服务、宴会管理、营销、财务管理等专业课的学习，同时，部分经营场所（如教学酒店的瑞士酒吧）晚上交由学生运营（图3）。学院在第三、六学期会安排学生校外实习，第三学期是基础岗位实习、第六学期是管理实践，因此中瑞学生在毕业的时候就已经有一年半的工作经历了。

图2　中瑞学生在服务中成长

图3　中瑞学生在实践中成长

此外，中瑞要求教师不仅要在课堂上教知识，而且要在课堂上育人。教师在授课前要检查学生的出勤情况、着装，督促学生将手机放入墙上的"手机袋"，将水杯等杂物放在置物台。不符合着装规范的学生将被要求回去更换衣物，迟到的学生将被计入系统。教学督导巡检项目之一是查看教师是否处罚着装及行为失范的学生（如上课玩手机或者睡觉）。

中瑞在办学之初就明确了"国际化、应用型"的办学定位。这里的"国际化"有三层含义：其一指的是中瑞引进和借鉴了世界先进的酒店高等教育人才培养模式和理念，并结合中国国情和学情，形成了"中瑞模式"；其二指的是中瑞与12个国家的26所高校建立了合作关系，学生可以选择这些高校的合作项目，完成双学位或硕士；其三是中瑞注重培养学生的国际化视野，每名学生都有长达一年的时间在五星级酒店顶岗实习。

（三）3个核心价值观和3个零容忍

中瑞一直奉行"尊重、专业、责任"的核心价值观，这是全体中瑞人的行为准则（图4）。全体师生以身作则，践行学院核心价值观。例如，创建无烟校园，院长带头戒烟；乘坐电梯时，女士优先；院长和师生一起在食堂排队就餐；每个月举办一次院长午餐会，听取学生对学院运营和管理的意见，鼓励学生提出意见和建议的同时，提供解决方案；院长参与学生活动，积极了解学生的学习状况、生活状况和思想状况。

图4 中瑞的核心价值观

从严加强师德建设,是我国近年来师德师风建设工作的基调。2019年,教育部等部门联合下发了《关于加强和改进新时代师德师风建设的意见》。中瑞早在2012年就对全体教职工提出"3个零容忍":反党、反国家、反社会、反学院的,零容忍;道德败坏、学术腐败的,零容忍;贪污受贿的,零容忍。中瑞师生"做正派人,干正经事"。中瑞将师德考核结果纳入教师绩效考核中,实行师德一票否决制。

(四) 中瑞的核心竞争力——4IP

多年来,中瑞逐步打造了独特的"中瑞模式",有自己的IP[①]。第1个IP是符合业界实际的课程设置。中瑞在借鉴全球领先的酒店管理学院课程设置的基础上,结合中国国情和学情,制定了具有鲜明特色的酒店管理人才培养方案,中国旅游协会和中国旅游饭店业协会参与课程设置并进行教学督导,这使中瑞课程紧密结合酒店及泛服务业发展,使学生

---

① IP(intellectual property)是一个网络流行语,直译为"知识产权",该词在互联网界有所引申。

知识技能培养与职业素养培养相契合,理论学习和实践锻炼相结合,真正让学生在学中做、做中学。第 2 个 IP 是自主编写的教材。中瑞按照中国旅游协会和中国旅游饭店业协会的标准,邀请业界资深专家带领中瑞具有丰富经验的业界教师和具有深厚理论功底的学界教师共同编写了符合行业实际、高质量、有特色的专业教材。学院现有自编特色教材 40 部。第 3 个 IP 是师资队伍。中瑞坚持"双师型"的师资队伍,聘请具有酒店及泛服务行业丰富从业经验的总经理、总监等高管和具有多年高校工作经验的专家教授共同担任授课教师。第 4 个 IP 是独特的校园文化。

(五)中瑞人才培养过程——5H

5H 是指 Hand、Head、Heart、Health、Happiness,这能够体现中瑞人才培养过程。中瑞自 2018 年 6 月开始对教师开展 5H 培训,经过两年时间,中瑞全体师生完成 5H 培训,学院继续开展 5H 对外培训。

中瑞工会通过第二课堂组建各类社团和俱乐部,鼓励全体师生拥有一项兴趣爱好,提倡"Work hard,Play harder"。学院将体育课打造成"体育超市",学生根据自己的兴趣和教师的特长进行选课。学院每学期专门抽出一周时间举办"瑞·悦成长季"活动,师生根据兴趣爱好加入社团,参加活动(图 5)。中瑞的瑜伽校队成员在 2020 年首都高校第四届瑜伽比赛中取得优异的成绩,摘得 7 个一等奖、2 个二等奖、优秀教练员奖、优秀宣传奖,并获得团体总分第 2 名的好成绩(图 6)。

图 5 中瑞学生在快乐中成长

图 6　中瑞学生在锻炼中成长

二、中瑞的养成式教育体系

（一）制定以酒店业为标准的着装规范和礼仪行为规范

多年来，中瑞积极推进校园文化和酒店文化的融合，开展以职业素养为导向的养成式教育。中瑞按照中国酒店行业服务礼仪规范，制定师生着装规范。教师和学生在上课期间须佩戴名牌、穿着商务正装（图7）。同时，为了弘扬中华服饰文化，中瑞将旗袍和中山装纳入商务正装范围。每个星期五，师生可以穿着休闲装；每逢重要活动和庆典（如颁奖典礼、毕业典礼等），师生可以穿着礼服。为了培养学生知书达礼、守秩序的良好品德，中瑞围绕学生的学习和生活制定了一系列礼仪规范，并针对礼仪进行了程式化培训，如坐姿礼仪、站姿礼仪、行走礼仪等。

图 7　中瑞学生在职业中成长

问候礼仪强调学生主动向客人、教师、工作人员问好;食堂礼仪要求男士为女士掀门帘;电梯礼仪要求师生排队等候,先下后上,女士及客人优先(图8)。重要活动礼仪也有固定要求,如参加校内举行的实习就业双选会时,学生会按照组次排纵队进入宴会厅,四方站立后向参展单位鞠躬、问候,然后到各自心仪的展位前排队面试(图9)。

图8 中瑞学生在秩序中成长

图9 中瑞学生在礼仪中成长

中瑞还强调在家尊重父母、在校尊重他人、在外遵守公共秩序,如回家后问候父母、离家时向父母道别等。

(二)关注学生日常生活习惯的养成

除日常的行为规范养成外,中瑞还注重学生生活习惯的养成,主要体现在星级宿舍评定和无烟校园建设方面。

　　中瑞参照星级酒店评定标准建立了学生公寓星评制度，评选"一星"到"五星"宿舍。星级宿舍评定结果纳入学生综合素质评价系统，作为学生评优评奖及入党推荐的重要依据。为了满足部分同学晚上学习的需求，学院在宿舍楼每层设置了书房，24小时供电供网（图10）。

图10　中瑞学生在知识中成长

　　为了帮助学生健康生活，中瑞大力推进无烟校园建设。中瑞鼓励学生不吸烟、少吸烟，对于短期内戒不了烟的学生，中瑞在生活区建立了吸烟区。吸烟区之外的吸烟行为将被计入行为规范管理系统。有吸烟习惯的学生将被列入班级帮扶对象，班级同学帮助该学生制订戒烟计划。新聘教职工要签订"不吸烟承诺书"。有吸烟习惯的在职教职工，须承诺戒烟时间。同时，中瑞提倡师生共同维护校园卫生，美化校园环境。教职工和学生将闲置空地建成花园、菜园，以陶冶身心（图11—图12）。

图11　中瑞学生在付出中成长

图 12　中瑞学生在优雅中成长

（三）蒲公英队伍及行为规范管理系统保障校园文化落地实施

养成式教育的践行，由学院蒲公英志愿者队伍保障落地实施。"蒲公英"是中瑞校园文化督导团队的代称，是中瑞的"校园督察"。蒲公英分为金、银、铜及入门四个级别，入门级蒲公英称为"督导员"，金、银、铜级蒲公英称为"督导官"。蒲公英志愿者在早晨、中午及大课间对全院师生行为规范进行督察，督察结果计入 12 分行为规范管理系统，不符合要求的师生会被扣分，12 分扣完后除要受到相应处分外，还要重新参加培训，考核合格后方可继续参与教育教学活动（图 13—图 14）。

图 13　中瑞学生在互相监督中成长

图 14 中瑞学生在责任中成长

（四）鼓励学生自我管理和参与学院民主管理

中瑞鼓励学生自我管理和参与学院民主管理。中瑞成立了公寓委员会、伙食委员会等，餐厅菜品风味、价格区间设置等事宜由伙食委员会决定。学校的各种活动都由学生组织，教师只是幕后指导者。可以说，中瑞处处是课堂。

2012 年，学院开设了师生法庭，主要议定学生违纪事项、建议处分类别，拟受处分的学生可以自我陈述，也可以请同学、家长辩护（图15）。师生法庭自成立至今开庭 152 次，年平均 15 次，年平均处理学生 19 人次，未曾有投诉或申诉案例发生，也没有出现学生和家长托关系找学院领导"讲情"的现象。这也是中瑞的思政课和法治课。

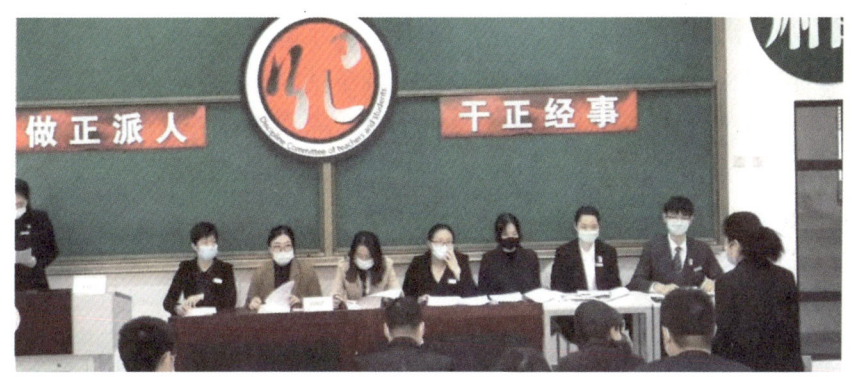

图 15　中瑞师生法庭

三、中瑞的办学成果

经过十余年的实践,中瑞校园文化和育人成果得到家长、酒店业和政府部门的认可。

(一)为酒店业和泛服务业培养优秀的人才

截至目前,中瑞为社会培养了 6 000 多名毕业生,其中约 50% 的毕业生就职于酒店及泛服务业,约 35% 的毕业生就职于银行、投资、传媒等企业,约 12% 的学生选择了出国深造(图 16)。

图 16　中瑞学生在交流中成长

(二)中瑞学生志愿服务成为北京市乃至中国高端服务的名片

中瑞学生为两届"一带一路"国际合作高峰论坛服务(图 17)。中瑞连续 6 年为中国网球公开赛服务,是中国网球公开赛在全国高校中唯一的战略合作伙伴（图18）。同时，连续8年由学生自主举办的亚洲酒店业青年领袖峰会，已经成为高校学生商务活动的一个品牌，其活动策划、会议组织、赞助等每一个环节都由学生亲自操办，教师仅负责幕后指导（图19—图20）。

图17　中瑞学生在专业中成长

图18　中瑞学生在志愿中成长

图19　中瑞学生在团队中成长

图 20　中瑞在国际视野中前进

(三) 服务国家产教融合战略

近年来，通过研发特色的培训课程，中瑞为酒店业、泛服务业及机构提供专业培训和顾问咨询服务，共开展 60 多场次，共 3 677 人次参加。同时，中瑞走出国门，为响应国家 "一带一路" 倡议，派教师前往桑给巴尔、塔吉克斯坦等地开展对外培训。中瑞还对中国融通旅业发展集团有限公司中青年骨干进行培训等（图 21—图 23）。

图 21　中瑞在凝聚力量中前进

图 22　中瑞在聚焦实践中前进

图 23　中瑞在专业交流中前进

（四）与行业共建研究中心

中瑞在注重人才培养的同时，注重研究服务职能的行业应用性和服务职能的行业对应性，力争打造一个媒体品牌——《酒店评论》杂志，以及一个论坛品牌——酒店评论人才发展论坛。目前，中瑞已举办六届酒店评论人才发展论坛，线上线下参加的人数已累计超过上万人；《酒店评论》杂志每年发布的《中国酒店人力资源现状调查报告》已成为酒店从业者必读的报告。

2021年，中瑞与教育部中外人文交流中心共建酒店及泛服务业中外人文交流研究院暨人才培养基地，打造集人才培养、学术研究、实习实训、决策咨询、培训服务、人文交流为一体的开放性、国际性产教融合高端平台和人文交流品牌，为中国酒店及泛服务业提供政策咨询、智力支持与资源服务（图24）。

中瑞的酒店管理专业获批教育部省级一流本科专业，"企业战略管理""国际商务礼仪"等课程获评2021年北京高校"优质本科课程"。目前，中瑞是北京、河北20余所中学的素质教育基地，首都文明单位，中国旅游协会旅游教育分会副会长单位。

图 24　中瑞在合作中前进

（五）合作建设并管理三亚中瑞酒店管理职业学院

由于中瑞办学特色突出，世界 500 强企业中国交建与中瑞合作，投资 14 亿元建设三亚中瑞酒店管理职业学院（简称"三亚中瑞"），并全权委托中瑞进行运营管理。目前，三亚中瑞运行良好，成为海南省高等教育的名片（图 25）。

图 25　中瑞在职业发展中前进

中瑞作为中国应用型酒店本科教育的先行者，不断探索创新，成功走出了一条中国酒店高等职业教育道路，这种全球领先的人才培养体系和独特的校园文化——中瑞模式，真正回答了中国高等职业教育的三个核心问题："为谁培养人""培养什么样的人""怎么培养人"。中瑞将继续努力，为业界培养具有良好的职业道德、职业素养和职业技能的合格人才，助力产业进步，助力中国服务。

产教融合背景下中瑞酒店管理学院特色人才培养体系探索与实践[①]

徐隆洋[②] 李俊丽[③]

摘 要：中瑞酒店管理学院专注办世界一流的酒店管理本科教育，以深化产教融合、为酒店行业提供高质量人才为出发点，构建了特色人才培养体系。本文从"国际化、应用型"专业人才培养方案、"双师型"师资队伍、教学质量监控和保障体系三方面对中瑞酒店管理学院的人才培养体系进行了介绍。

关键词：中瑞酒店管理学院 产教融合 人才培养

随着高等教育事业的蓬勃发展，中瑞酒店管理学院（以下简称"中瑞"）培养出来的高素质人才为现代产业体系的壮大做出了重大贡献。中国特色社会主义进入新时代，中国经济增长方式已经发生转变，深化产教融合，使教育链与产业链、创新链、人才链有机衔接，这对新形势下教育教学质量的提高、经济的增长、经济发展新动能的培养具有重要意义。应用型本科高校要想实现提高人才培养质量的目标，必须以产教融合的思想为指导，更新教育观念，全面贯彻《关于深化产教融合的若干意见》（国办发〔2017〕95号）的文件精神。

中瑞全院师生立足中国旅游酒店业和泛服务业的实际，经过教育思想大讨论，对"坚守'育人教书'根本，实施1副对联、2套支撑系统、3个核心价值观和3个零容忍、4IP和5H"育人理念达成共识。中瑞专注创办世界一流的酒店管理本科教育：以深化产教融合、为酒店行业提

[①] 收稿日期：2022年12月。
[②] 徐隆洋，中瑞酒店管理学院教务长、教授。教育部酒店及泛服务业中外人文交流研究院副理事长，中国旅游饭店业协会人力资源分会首届理事会秘书长，北京职业技术教育技术学会烹饪专业委员会副理事长，北京高校优秀教学管理人员。
[③] 李俊丽，中瑞酒店管理学院副教授。主要研究方向：旅游管理。

供高质量人才为出发点，以北京第二外国语学院人才培养体系为依托，通过引进和借鉴全球领先的瑞士洛桑酒店管理学院人才培养模式和理念、与世界知名酒店集团合作等举措，确立"国际化、应用型"人才培养方案；通过持续对标研究国际知名酒店管理专业课程体系，结合中国本土化需求，构建中瑞特色课程体系；通过沉浸式全景教学、教学运营一体化、五星级酒店顶岗实习等，全方位强化实践教学；通过行业需求驱动课程教学改革机制，构建知行合一、学以致用的中瑞特色课程教学模式；通过聘请具有酒店及泛服务行业丰富从业经验的高管和具有多年高校工作经验的专家教授，构建"双师型"师资队伍；通过实施"以学生为中心"的闭合式、全链条教学质量保障与监控体系，提升应用型人才培养质量等。中瑞不断开展酒店管理应用型人才培养体系的探索与实践，力求真正让每位踏入中瑞的学子都能享受优质的酒店管理教育，成为具备独立思考能力、良好职业素养和职业技能、协作精神、社会担当能力、国际化视野的应用型酒店管理人才。在此过程中，中瑞形成了产教融合背景下酒店管理应用型人才培养体系。

一、专业人才培养方案体现"国际化、应用型"办学特色

中瑞通过引进和借鉴全球领先的瑞士洛桑酒店管理学院人才培养模式和理念、与世界知名酒店集团合作、与多所高校建立合作关系等举措，构建了以工作过程为结构、基于能力本位、具有"国际化、应用型"特色的人才培养方案。同时，中瑞研究国内相关部门针对教育教学制定的各项评估指标要求，紧跟新时代新教改和素质教育发展趋势，构建了符合中国国情的中瑞特色课程体系，如图1所示。

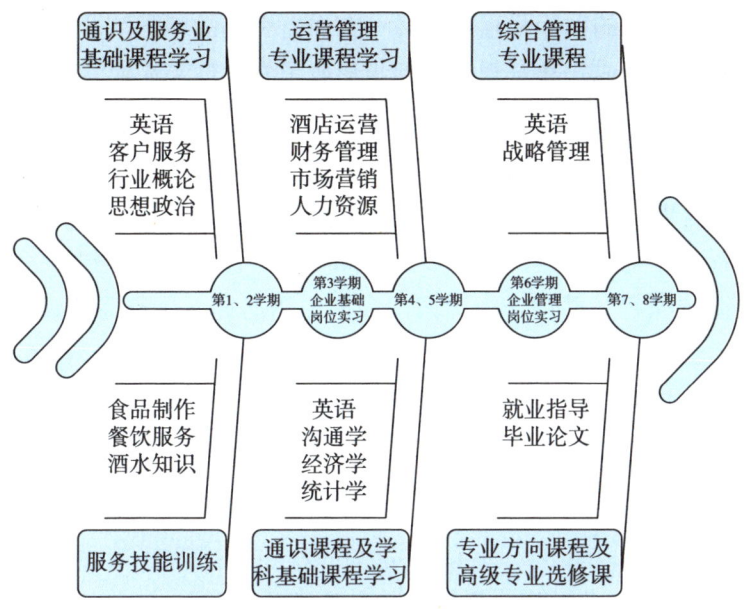

图 1　中瑞酒店管理专业特色课程体系

（一）对标国际院校，确立中瑞特色课程体系优势

中瑞研究和借鉴了国际高等教育研究机构排名前五的酒店管理院校课程体系，确立了国际化人才培养定位和培养方式，同时结合酒店业的发展趋势及中国国情，制定了中瑞特色课程体系。

1. 对标国际课程体系，课程内容充实饱满

酒店管理专业教学质量国家标准建议学分控制在 140～160，在满足国家标准要求的情况下，中瑞的课程体系涵盖了通识课程、实操课程、专业基础、专业核心、专业实践、高阶商务课等模块课程，其中专业实践模块安排了两个学期的顶岗实习。通过对标分析，中瑞教学安排紧凑，学生所学知识量饱满，课程内容充实，学分和学时都居于国际同类院校前列。

2. 引进国际化课程，专业性与职业素养并重

学院定期邀请国际院校教授在中瑞开设国际院校中的同类课程，采用研习会的形式集中授课，该课程很受学生欢迎。同时，学院开展定期的国际院校交流和先进国际课程引进工作。一方面，引进的课程充实和替换了原有专业课程，形成了国际课程资源库，丰富了专业选修课，整

体上提高了课程的国际化程度;另一方面,引进的课程结合中瑞以职业素养为核心的养成式教育理念,逐步形成了专业性和职业素养并重的课程体系。

3. 贴近国际化行业需求,结合国情推进产教融合

酒店管理专业开设的课程涵盖了餐饮类课程、客房类课程、市场营销类课程、金融类课程、人力资源类课程、语言沟通类课程等。学院对标国际院校课程,并结合中国国情和国内酒店业发展新需求设置课程。例如,中瑞开设的餐饮类课程量明显多于对标的国际院校,这主要是因为中瑞设有中餐类课程,并为配合瑞阁餐厅运营增加了一些模块课程;中瑞针对酒店主要岗位开设的课程更具聚焦性,它将服务酒店行业作为主要方向,并结合酒店业数字化大趋势进行课程设置,从而逐步推进产教融合。

(二)深耕产教融合,做强中瑞特色实践教学

1. 搭建真实职业环境,开展沉浸式全景教学

中瑞教学注重理论与实践相结合的人才培养理念。中瑞在校内搭建了真实的职业环境——建设了教学酒店、咖啡厅、瑞阁餐厅等实训基地,以便学生将所学理论知识和实践经验进行有机结合。在实训教学中,教师同时担任企业管理者和指导者的角色,学生同时担任经营者、服务者和消费者的角色,师生以不同的身份和视角在沉浸式全景教学中提升动手能力、综合素质及适应社会的能力。把Hand(动手)放到教育教学的核心位置,这是中瑞人才培养理念的重要创新,同时是让学生学习知识、掌握技能、提升能力的重要途径。中瑞的实训教学同时注重培养学生"尊重、专业、责任"的职业素养,这使其培养的学生成为具有良好职业素养和职业技能的人才。

2. 工学交替,完善人才培养方案

中瑞在酒店专业人才培养方案的设计中规定,学生在第3学期进行第一次实习,第6学期进行第二次实习,理论学习和实践学习交替进行。在学生实习前,学校和企业会根据学生的情况制定实习目标和实习内容,学校配备教师作为理论指导教师、企业配备企业管理者作为实践指导教师,以共同指导学生进行企业顶岗实习。通过两个学期的企业顶岗实践

学习，学生能够在学习理论知识的基础上锻炼专业技能，提升职业素养，从而真正做到知行合一、学以致用。

3.优化实践教学管理，创新管理机制

中瑞在学生实践教学管理中不断完善教学运行机制，根据产教融合人才培养的需要，不断完善职能部门相关责任，定期评估实践教学管理的运行效果，并建立了持续优化的机制，如图2所示。在学生实习过程中，由校企双方共同组建的质量监控系统，对确立人才培养目标、制定人才培养方案和课程大纲、实施人才培养方案等关键环节进行监控，以保证人才培养各要素的有机融合，达到较好的实践效果。

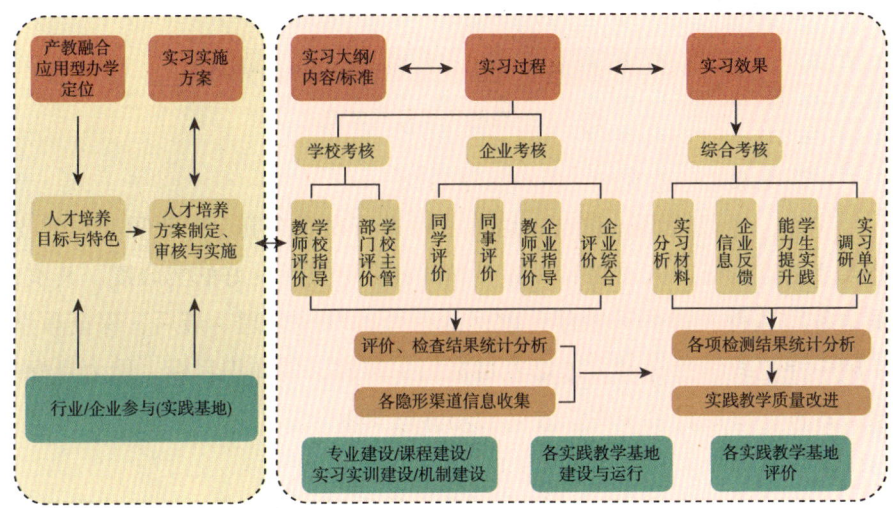

图2　中瑞实践教学管理流程

（三）理论与实践并重，构建知行合一的课程教学模式

产教融合的起点是"产"，落点是"教"。中瑞对标国际化课程体系，建立了以岗位工作需求驱动课程教学改革的机制和以5H理念为支撑的沉浸式全景教学模式，形成了学生在真实场景中学习、注重"知行合一，学以致用"的中瑞特色课程教学模式，如图3所示。

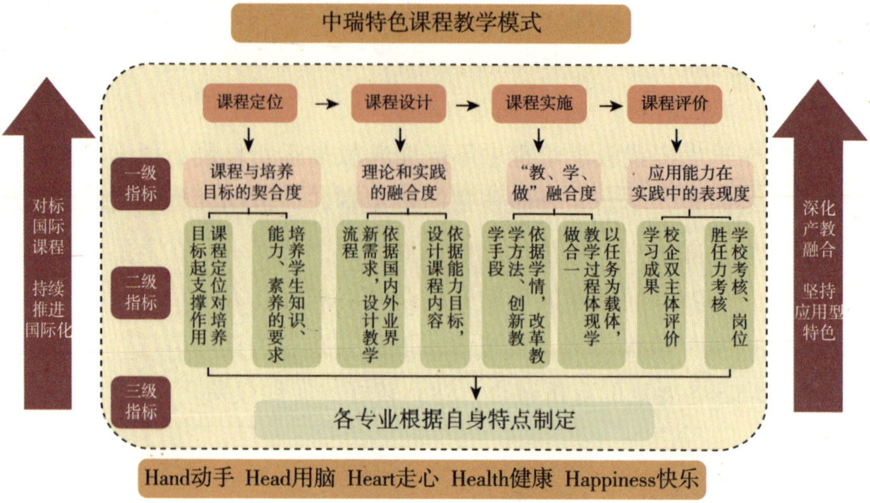

图3 中瑞特色课程教学模式

1. 依据人才培养目标，明确课程定位

首先，将课程目标和人才培养目标进行对标分析——课程要有效支撑人才培养目标，人才培养目标要和课程目标具有良好的契合度。其次，确定各门课程开设前后顺序，确保课程开设顺序合理。最后，保证教学实施中课程教学目标和人才培养目标的一致性，使知识目标、能力目标、素质目标的设定符合学生综合能力培养的要求。

2. 依据行业需求，设计课程内容

中瑞依据行业需求，并结合行业中的典型工作任务，设计课程的教学内容。同时，中瑞依据岗位需求对课程教学内容进行开发，并将行业的新规定、新趋势、新标准和最新研究成果融入课程教学内容中。课程教学内容紧密对接国际、国内酒店服务的新要求，以做到学生能力要求与职业需求的高度契合、理论和实践的结合。

3. 以学生为中心实施教学

在产教融合的大背景下，中瑞在教学方法上大力提倡任务式教学、项目化教学、解决行业实际问题的教学、企业真实案例教学，着重强调"做中学"和"学中做"的模式，特别是在课堂教学环节，实现了注重知识点传授的"以教为中心"向"知识、实践技能、思维方式、创新能力"并重的"以学为中心"的教学模式转变，不断创新教学方式和提升"教、学、做"的融合度，以激发学生学习兴趣、增强学生内驱力和提升学生职业兴趣。

4. 从多元评价角度设计评价方案

中瑞课程考核评价注重学生的过程性考核，从学校和企业双主体角度考核学生，既关注知识和理论考核，又关注岗位胜任力考核；从注重"期末考试"向注重"学习过程"转变，从评价"分数高低"向评价"能力大小"转变。教师根据课程的岗位应用设计考核方案，在知识点方面，重点考核行业中的应用场景；在技能点方面，重点考核动手操作的效率和质量；在态度方面，重点考核课程内容应用在行业的创新力。同时，中瑞会组织教师分析不同考核目标的达成度，持续优化教学内容和评价体系。

二、业界学界教师并重，建设"双师型"师资队伍

中瑞在实施产教融合、校企合作的办学模式中大胆尝试师资队伍聘用和培训的新模式。

（一）业界学界教师并重，师资队伍专业结构合理

中瑞通过聘请具有酒店及泛服务行业丰富从业经验的高管和具有多年高校工作经验的专家教授，构建"双师型"师资队伍。其中，来自国内外知名品牌酒店、具有丰富行业经营管理经验的业界资深管理人员占教师总数的60%，在同类院校中居于领先地位，他们与学校理论知识扎实的教师组成"双师型"教学团队，为酒店行业应用型人才的培养奠定了基础。同时，教师专业类别结构合理，能满足以管理学科类为主的教学需求。

（二）校内5H认证培训，提升教师教学综合能力

中瑞根据自身优势，在中国旅游协会、中国旅游饭店业协会的支持下，与国内外200多家旅游、酒店企业开展合作，并在办学实践中以产教融合的理念为指导，确立了5H培训。中瑞已经举办了5期初级培训，先后有18名教师作为培训师开展培训。5H培训遵循中瑞"尊重、专业、责任"的核心价值观，基于中瑞教学标准与教学实践，培养"知行合一，学以致用"的先行者。中瑞采用线上线下相结合的方式，渐进式推进培

训，配以丰富的案例与实操，打造能"动手、用脑、走心、健康、快乐"的专业教师，以不断提升教师教学综合能力。

（三）教师业界挂职，教学与行业接轨

为了使教师了解行业前沿，中瑞制定了"中瑞酒店管理学院教师挂职管理办法"，旨在使教师掌握目前行业先进的理念和标准，收集典型案例，为教学积累丰富、真实的案例资源，从而更好地服务教学。在近两年完成的3次教师业界挂职锻炼工作中，100%的教师完成一轮挂职。在挂职的同时，教师收获了丰硕成果，3次挂职共形成240多个教学案例，大量的图片、视频等教学资源可以应用于教学，挂职中发表的新闻稿19篇，发表和待发表的期刊、酒店业评论稿共16篇。

挂职锻炼使教师充分了解业界、自我提升、反哺教学，为打造高质量"双师型"教师队伍提供了有力保障，为产教融合、校企合作的办学模式提供了师资保障。

三、"以学生为中心"的教学质量保障与监控体系

中瑞为了实施育人教书的根本任务，同时结合教育部指定的教学评估要求，构建了"以学生为中心"的闭合式、全链条教学质量保障与监控体系，如图4所示。该体系为提升应用型人才培养质量提供了有力保障。

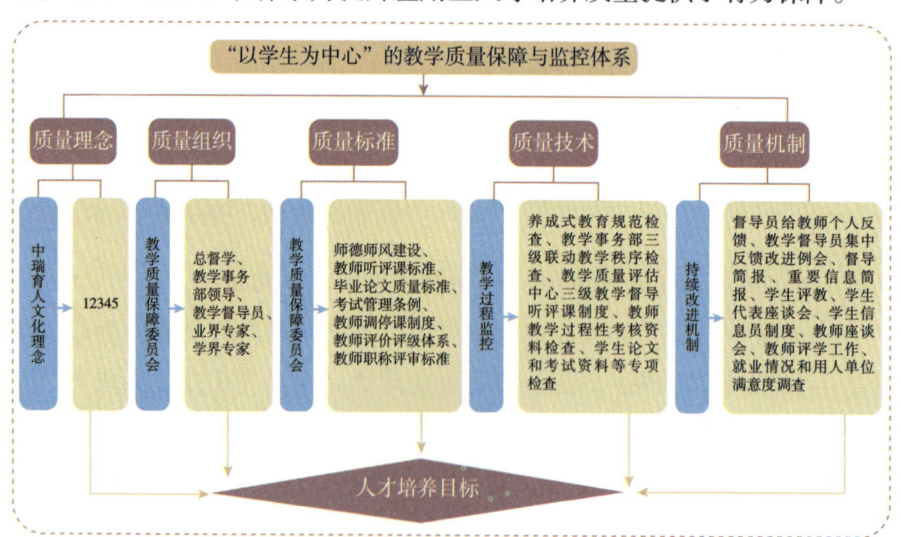

图4 "以学生为中心"的教学质量保障与监控体系

（一）质量理念方面：坚持中瑞育人文化理念

中瑞的育人文化理念简称"12345"：1 副对联，2 套支撑系统，3 个核心价值观和 3 个零容忍，4IP 和 5H。它是中瑞在多年的办学经历中逐步探索出来的，是中瑞取得成就的灵魂所在。在教学质量保障与监控过程中，中瑞一直坚持将育人文化理念作为指导思想。

（二）质量组织方面：建立教学质量保障委员会

教学质量保障委员会是由总督学、教学事务部领导、教学督导员、业界专家和学界专家共同组成的教学质量管理队伍，从学院顶层设计层面形成决策机制，对教学质量进行指导和监控。

（三）质量标准方面：完善教学质量评价体系

完善的中瑞教学质量评价体系是教学质量管理的基本依据。中瑞建立了师德师风建设、教师听评课标准、毕业论文质量标准、考试管理条例、教师调停课制度、教师评价评级体系、教师职称评审标准等制度。同时，围绕人才培养目标，依据"以学生为中心、以产出为导向、以持续改进为目标"的原则，中瑞调整教学质量评价标准，关注学生学习，服务学生发展，促进学生成长，将学生诉求作为教学质量评价标准的主要依据。此外，中瑞坚持以学生学习成果评估为核心，关注学生参与教学活动后知识、技能、价值观等方面的发展和成长。

（四）质量技术方面：全方位监管各教学环节

在完善的教学质量评价标准基础上，中瑞全方位监管教学、考试、实习、毕业论文设计等主要环节。中瑞注重养成式教育规范检查、教学事务部三级联动教学秩序检查、教学质量评估中心三级教学督导听评课制度、教师教学过程性考核资料检查、学生论文和考试资料等专项检查。完善的检查制度为产教融合、学生成长提供了充分的技术保障。

（五）质量机制方面：形成持续改进机制

目前，中瑞形成了三级教学督导听课制度，督导员给教师个人反馈、教学督导员集中反馈改进例会、督导简报、重要信息简报、学生评教、学生代表座谈会、学生信息员制度、教师座谈会、教师评学工作、就业情况和用人单位满意度调查等完善的教学改进跟踪监督机制，全方位监管教学管理各环节，以便及时发现问题、解决问题，从而提高教学质量，形成持续改进机制。

14年来，在产教融合大背景下，中瑞作为国内应用型酒店管理本科教育的先行者，建立了具有中瑞特色的教学体系，为国内外酒店和泛服务行业培养了大量的专业人才。未来，中瑞将继续努力，不断探索和深化中瑞特色人才培养体系，为业界培养更多具有国际化视野、具备良好职业素养和职业技能的优秀人才，助力产业进步，同时让学院的专业处于领先地位。

应用型高校"五级双通道"师资培育体系的构建与实践[①]

曾丽婷[②] 毛甜[③] 楚静[④]

摘　要：中瑞酒店管理学院基于教师发展与成长的实际需求，借鉴国际应用型高校师资培育经验，结合中国国情和学情，创立了应用型高校"五级双通道"师资培育体系。"新晋教师—合格教师—主讲教师—优秀教师—骨干教师"的理论教师通道，"指导师—实操师—部门经理—驻店经理—总经理"的业界教师通道，为不同背景、处于不同发展阶段的教师提供了职业发展路径。本文对"五级双通道"师资培育体系的构建和实践情况进行了详细介绍。

关键词：中瑞酒店管理学院　师资培育　应用型人才培养

党的二十大报告强调，教育、科技、人才是全面建设社会主义现代化国家的基础性、战略性支撑。我国已建成世界上规模最大的高等教育体系，随着经济发展进入新常态，高等教育结构性矛盾日益突出，通过产教融合的应用型高校建设来破解高校模式趋同难题，这能有效增进教育与社会的契合，并满足人才的多元成长需求。人才是第一资源，创新是第一动力，培养担当民族复兴大任的时代新人，落实应用型人才培养，关键在教师。

一、情况简介

百年大计，教育为本。教育大计，教师为本。育人先育己，从师资

[①]　收稿日期：2021 年 12 月。
[②]　曾丽婷，中瑞酒店管理学院教授，中瑞 5H 项目总负责人，北京市课程思政教学名师。主要研究方向：酒店管理，课程与教学。
[③]　毛甜，中瑞酒店管理学院副教授，硕士，英语教育专业。主要研究方向：酒店英语教学，师资培训。
[④]　楚静，中瑞酒店管理学院副教授，人文地理学硕士。主要研究方向：消费者行为学。

团队培育入手，探索中国应用型人才培养之道。中瑞酒店管理学院（以下简称"中瑞"）基于教师发展与成长的实际需求，借鉴国际应用型高校师资培育经验，结合中国国情和学情，创立了应用型高校"五级双通道"师资培育体系。

二、关键举措

高校教师承担着为党育人、为国育才、培养德智体美劳全面发展的社会主义建设者和接班人的崇高使命。中瑞首创5H师资培育理念，即Hand 动手、Head 用脑、Heart 走心、Health 健康、Happiness 快乐。5H师资培育理念不仅重视教育教学、专业能力的培养，而且重视教师作为"人"的生命属性与价值追求的关怀，致力于培养身心健康的新时代创新型教师。基于该理念，中瑞创立了应用型高校"五级双通道"师资培育体系。

（一）组织建设

为落实立德树人的根本任务，中瑞创立的应用型高校"五级双通道"师资培育体系旨在打造品德高尚、身心健康、学术精湛、躬行实践的新时代专业化创新型师资队伍。2017年11月，中瑞成立教师教学发展中心；2018年6月，中瑞成立"五级双通道"师资培育专项工作组；2022年9月，中瑞成立教学质量评估中心。中瑞搭建教师发展平台，以"学院—教学事务部—教研室—课程组"四级联动的教师培养机制为支撑，以教学事务部、学生事务部、事业发展部、综合行政部四部协同联动为保障，整体推进"五级双通道"师资培育体系建设。

（二）运行机制

中瑞精准定位时代发展新需求，完善师资分级分层培育机制；健全师德建设的长效机制，推动师德建设常态化；推进校园文化与酒店文化的融合，按照行业职业素养要求教师；在校内建有 7 000 平方米的真实职业环境的实训基地，聘请酒店及泛服务行业的多层级管理者作为专职教师，实现了教师结构的双元；在教师队伍的培养模式上，结合教师生涯不同阶段，构建出中瑞模式的"五级双通道"师资培养体系。如图 1 所示，"五级双通道"有两层含义：一是理论教师通道，搭建"新晋教师—合格教师—主讲教师—优秀教师—骨干教师"的培养路径，帮助理论教师整合资源、提升教学水平和学术水平、创造高质量的研究成果；二是业界教师通道，设立"指导师—实操师—部门经理—驻店经理—总经理"的成长路径，通过真实情景搭建业界教师培养通道，做到人尽其才，在提升教师教学科研水平的同时，反哺业界实践。中瑞在搭建"双通道"的同时，重视"双通道"的有机结合，以降低双师双能型教师的角色转变成本和不适感，提高培育成效。

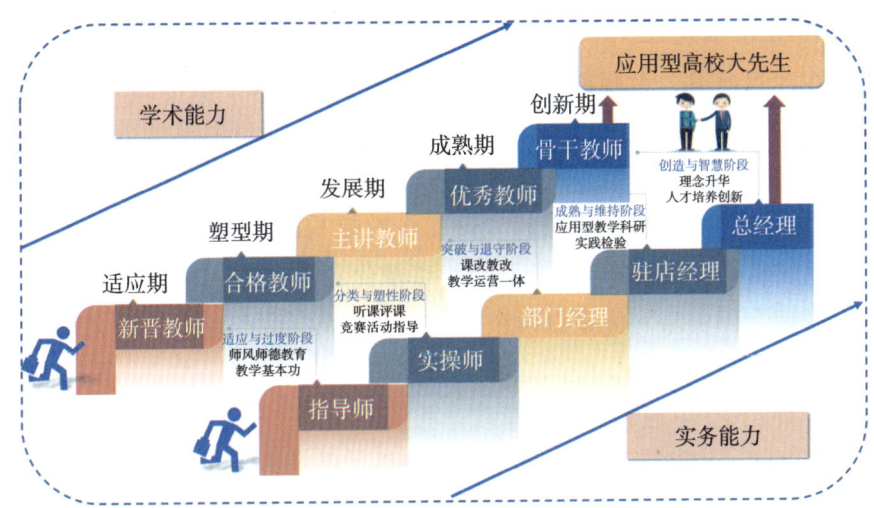

图1 "五级双通道"师资培育路径

（三）教学研究

"五级双通道"师资培育体系强化顶层设计，针对业界教师、学界教师的不同成长阶段进行个性化分级分层培育，为不同背景、处于不同发展阶段的教师提供职业发展"脚手架"。五个阶段层层递进，步步深入：第一阶段聚焦教学基本功，通过新入职教师的试讲、专家反馈、师风师德学习，支持"新晋教师"和"指导师"适应与过渡；第二阶段严格把控授课环节，如听课评课、竞赛活动指导等，促进"合格教师"与"实操师"分类与塑型；第三阶段通过课改教改、教学运营一体实践，帮助"主讲教师"与"部门经理"突破发展瓶颈，并建立良性的出入机制；第四阶段通过应用型教学科研实践检验，培养"优秀教师"与"驻店经理"；第五阶段通过量身定制的培养方案，助力"骨干教师"和"总经理"理念升华，实现人才培养创新，终成"应用型高校大先生"。

中瑞在强调教师双元发展的基础上，注重每一个发展阶段学界教师与业界教师的有机融合。一方面，中瑞鼓励业界高级管理人才担当教研室管理者，鼓励理论功底深厚的教师担当学术带头人，促进教研室内部理论和实践的融合；另一方面，在课程组内，同一门课程中业界教师和学界教师兼备，共同备课磨课，资源共建共享，促进教学内容理论性与实务性的双向提升，鼓励"双通道"教师合作开展应用型教学科研。

（四）资源建设

在"双通道"教师成长过程中，中瑞会提取每个教师的关键指标，从师德师风、行为规范、实践能力、运营能力、教学科研能力、服务社会、关爱学生、发展创新八个维度进行"雷达扫描"，确保实时掌握教师动态，以便更好地助力教师发展。在教师5H认证培训体系、教学运营一体、教育实践双轮驱动、评价评级量化考核四位一体的支撑下，"五级双通道"师资培育体系以两个平台（酒店及泛服务业中外人文交流研究院暨人才培养基地、中国旅游饭店业协会人力资源分会）、两本杂志（《酒店评论》《中瑞酒店管理学院学报》）、两场论坛（酒店评论人才发展论坛、未来酒店领袖峰会论坛）为载体，推动教师的完整性成长，如图2所示。

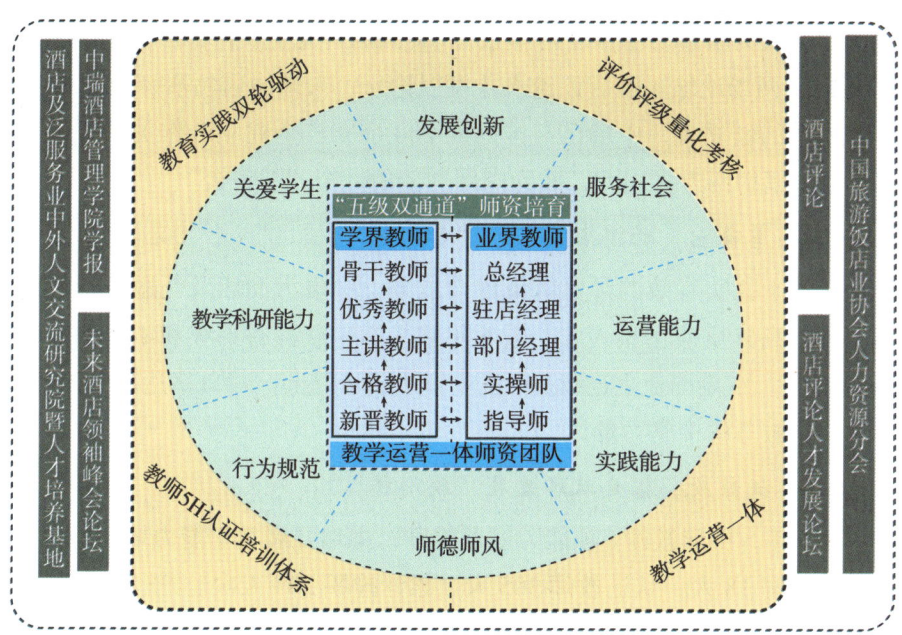

图 2 "五级双通道"师资培育体系

(五)示范推广

中瑞创立的应用型高校"五级双通道"师资培育体系从无到有,从单一阶段、单一类型的教师到教师类型与阶段全覆盖,从单一的教学技能培训到全方位培养的师资体系构建,经历了"走出去的探索期"(2007—2009年)、"引进来的培育期"(2009—2018年)和"定型与实践期"(2018年至今)三个主要阶段。"五级双通道"师资培育体系经历了自助式、导师式、定制式、顾问式、平台式培育五个阶段,逐渐增多的参与主体、逐渐深入的设计体系,让精准养成式师资培育成为可能。通过分类分级培训、工作内容再设计、激励、评价、优化等,实现了全方位、全周期、全链条的应用型高校特色师资培育模式创新。

三、建设成效

"五级双通道"师资培育体系是一项有中国应用型高校特色的育人团队建设创新与实践,已立项北京市教委课题两项,孵化出两个国家级平台(酒店及泛服务业中外人文交流研究院暨人才培养基地、中国旅游饭店业协会人力资源分会）、两本杂志（《酒店评论》《中瑞酒店管理学院学报》）、两场论坛（酒店评论人才发展论坛、未来酒店领袖峰会论坛）。作为体系的创立者，中瑞已与国内外200余家校企建立合作关系，体系建立成果辐射两万多同人，成为应用创新的一个"引擎台"。

（一）厚输出，构建专业人才"蓄水池"

受益于扎实有效的师资队伍建设成果，中瑞为酒店及泛服务行业培养了大批高素质应用型人才。近5年来，学生获得省部级和学科专业竞赛奖95项。中瑞毕业生连续7年就业率达95%以上，对口率达85%以上，成为中国服务的中坚力量。

（二）促教改，搭建双师发展"软阶梯"

近5年，中瑞教师8项能力显著提升；中瑞开展教学能力培训13期，培养培训师18人，认证教师305人，累计挂职203人次。"五级双通道"师资培育体系可以精准把握教师发展需求与契机，层层递进，落实分类培育计划，逐级提升教师归属感、责任感和成就感。

（三）解疑难，创建产教融合"思想库"

通过紧密追踪行业前沿问题，借助"五级双通道"师资培育体系，中瑞沉淀了宏观层面的产业发展趋势研究、微观层面的企业运营优化方案研究600余篇，教学教改论文165篇，连续8年发布的《中国酒店人力资源现状调查报告》已成为酒店管理者必读资料。中瑞已形成"学以致用—用以致研—研以致教—教以致学"的可持续发展模式。

（四）广辐射，成为应用创新"引擎台"

该体系成功运用到上海杉达学院、中南林业科技大学等应用型高校，服务了隐奢逸境酒店、"门墩儿"酒店职业发展社交平台等企业，助力了桑给巴尔、塔吉克斯坦等"一带一路"友邦国家发展，成为应用创新的一个"引擎台"。

积分制在应用型高校教师职业素养培训中的探索与应用
——以中瑞酒店管理学院教师 5H 认证中级培训为例[①]

毛甜[②]

摘 要：教师的职业素养是支撑应用型高校稳定有效发展的关键因素。然而，由于职业素养主观性较强，高校在教师职业素养培训方面一直缺乏可量化的评价方式。本文详细阐述了应用型高校教师职业素养的五个维度和以积分制为载体的培训和评价方式，试图缓解素质类培训考核压力，实现教师的主动成长。

关键词：教师培训 职业素养 积分制

当前，在国家应用型本科战略转型和高校"双师型"教师建设的背景下，应用型高校教师是增强高校内生动力和办学活力的关键。培育好应用型高校教师，这样才能更好地为国家培育应用型人才。

一、教师职业素养在应用型本科高校发展中的重要性

应用型高校不同于普通高校，其专业设置直接面向行业经济发展，这就要求教师的职业发展不仅要面向理论知识范畴，而且要兼顾和掌握行业领域所涌现的新技术、新发展和新动向，以确保培养出来的学生兼具理论知识和行业实践能力。同时，随着知识体系的不断更新和科学技术的飞速发展，以及高校教育改革的不断深化，应用型高校对教师职业素养的要求不断提高。近年来，随着国家政策对应用型本科的倾斜，此类院校在院校数量和毕业生数量方面都呈现上升的趋势，这类院校要想

[①] 收稿日期：2022年6月。
[②] 毛甜，中瑞酒店管理学院副教授，硕士，英语教育专业。主要研究方向：酒店英语教学，师资培训。

在竞争日益激烈的应用型高校中脱颖而出，需要把握好教师这一关键因素。

二、应用型高校教师职业素养的五个维度

职业素养是指社会对某一职业统一的规范和要求，主要体现在职业技能、职业思维、职业道德、职业情怀等方面。应用型高校教师的职业素养主要是对教师教学实践技能、学术科研能力、职业道德、行为品质和心理素养方面的约束。中瑞酒店管理学院（以下简称"中瑞"）将应用型高校教师职业素养总结为5个H，即Hand、Head、Heart、Health、Happiness。

（一）Hand——"动手"的职业技能

应用型高校教师职业技能除了包括常规的教学技能之外，还包括教师的专业实践能力和对现代化教学技术的掌握能力。

首先，专业实践能力能够彰显应用型高校教师的内在特质，是确保应用型高校教育教学成效的关键。专业实践能力可以保证应用型高校教师能够运用现有的知识和技能，解决行业所面临的实际问题，因此要想培养应用型人才，教师必须具备强大的专业实践能力和丰富的行业实践经验，能够将理论知识和实践技能不断地创新融合并应用于理论教学活动中。

其次，高校教师应该紧追时代的步伐，更新现代化的教学技术，如计算机技术、多媒体教学技术等。线上教学更离不开网络信息技术的支撑，线上教学平台的使用、线上课堂互动、教学效果的检测，都需要教师具备强大的教学技术应用能力。因此，教学技术的应用已经成为应用型高校教师职业素养的核心要素之一。

（二）Head——"用脑"的职业思维

教学和科研是高校教师职业发展的双翼。因此，应用型高校教师除了具备教学能力外，还应具备科研能力。科研能力也就是学术研究能力，是融合学术和行业的思维进行思想创新和发明创造的一种能力。教学能力和科研能力是相辅相成的，教学能为科研提供数据基础、科研能为教学提供反哺建议。教学能力达到一定的水平之后，科研能力的提升就会

成为教师职业成长和发展的助推器。通过对专业和行业的探索，深入地了解所教授学科的最新发展趋势，把行业发展趋势与教学内容相融合，帮助学生真正做到学以致用，为国家培养应用型人才。

（三）Heart——"走心"的职业道德

无论是普通高校还是应用型高校，教师的职业道德都是学校对教师最基本的要求。教师的职业道德主要包括教师爱岗敬业的事业心、育人教书的责任感、积极进取的工作态度等。高校是为社会培养人才的摇篮，肩负着为国家各行各业培养和输送人才的重任，而师德对学生有着至关重要的影响。具备高尚道德品质的教师能培养出优秀的人才，这是高校培养高质量人才的基石。所谓"学高为师，身正为范"，高校教师要热爱教师这一职业，不断提高自身修养，提升人格魅力，做到严于律己、言传身教、乐于奉献、关爱学生、传递正能量，以包容和爱护的心态面对学生，引导学生建立正确的价值观和择业观，树立奋斗的目标。

（四）Health & Happiness——"健康快乐"的职业情怀

20世纪80年代，世界卫生组织诠释了21世纪健康的新理念，指出健康不仅指身体健康，而且指心理健康。对应用型高校教师来说，具备积极健康的心理状态，展现出良好的精神风貌，不断提高教学科研水平，并且潜移默化地影响学生思想和价值观的形成。此外，应用型高校教师还要有乐观的心态，客观地认识教师这一职业，把爱传递给学生，与学生共同成长。因此，应用型高校教师应感受职业的幸福感，充分认识到职业的意义，在平凡的工作中获得快乐，减少职业倦怠感。

三、积分制在中瑞教师5H认证培训中的应用

中瑞教师5H认证培训自2018年实施以来，已经成功举办了7期，包括5期校内培训和2期校外培训，累计认证学员200余名，参训人员涵盖了中瑞和其他国内院校教师，以及与教学密切相关的行政人员，取得了显著的培训成效。经过5年的沉淀，中瑞教师5H认证培训逐步升级和完善：在培训形式上，第1、2期的培训以线下集中培训为主，第3、4、5期的培训升级为线上线下相结合的混合式教学模式；在培训内容上，第1、2、3期的教师5H认证培训以提升学员的教学技法和教学能

力为主，第 4、5 期的培训在提升学员教学能力的基础上，增加了教师职业素养的内容。

（一）积分制的概念

"积分制"这一概念起源于一种常见的商业行为，商家依据消费者的购物行为给予一定积分的奖励，以达到引导和刺激消费的目的。积分制则是把人的能力和综合表现用积分（奖分和扣分）进行全方位量化的管理方法。积分制管理对每个人的日常行为表现都用积分进行量化考核，这能够有效地避免传统培训中的考核平均主义的弊端，强化考核制度的执行力，满足员工的精神需求，培养员工的行为和习惯，节省激励成本。

中瑞教师 5H 认证中级培训采用积分制管理的方式，全方位引导和考核教师的职业素养养成和 5H 理念的践行，用积分对教师的能力和综合表现进行全方位的量化考核，并用简单易行的管理系统进行记录。考核结果、评优推荐等事项都与积分挂钩，减少人为因素的干预，以达到激励教师主观能动性、调动教师积极性的目的。

（二）在教师职业素养培训中实施积分制的原因

在实施积分制的过程中，参训教师需要通过自身的努力，以优异的表现挣得积分。中瑞教师 5H 认证中级培训通过系统设计积分指标体系，将教师的职业素养分为 Hand、Head、Heart、Health、Happiness 五个维度，把具体的行为转换为可量化的积分，把目标激励和过程考评相统一，这既增加了教师职业素养评价的人文情怀、充分调动教师的积极性，又能够很好地发挥评价的导向作用，引导教师按照既定的培训目标方向进行自我完善。

中瑞教师 5H 认证中级培训以积分制为基础，参训教师通过个人在职业素养方面的表现和能力获得积累分值，从而把职业素养的考核变得具体化。积分制的实施能够把积分与排名挂钩，打破传统培训考核中的平均主义，帮助优秀的教师脱颖而出，放大激励效果；让"吃亏是福"变成现实，教师的每次额外付出都能得到积分奖励，解决"分外事没人做"的问题，提高教师工作的积极性。在积分制实施过程中，详细记录培训成绩的积累和由来，增加培训的过程性考核，解决能力素质难考核的问题。赋予项目团队培训师和管理人员奖扣分权限，使其在管理中可以交叉运用奖扣分，从而让项目团队培训师和管理人员的理念更容易实现。

（三）中瑞教师职业素养积分制管理机制概述

中瑞教师5H认证中级培训积分管理机制可分为积分指标体系、积分管理人员和积分管理系统三部分。

积分指标体系包括4个大模块、12个小模块。项目组通过设定一系列的培训活动，让参训教师按需求自选指标，以完成培训任务的方式获得相应数量的积分。参训教师完成任务后，可以在系统中提交相应的培训成果，积分管理人员对其提交的成果进行评价，给予一定数量的积分。

积分管理人员由项目组管理人员和各模块培训师组成。其中，培训师负责组织相应的培训、审阅积分申请的材料和积分的评定工作。培训师需要在规定时间内对参训教师提交的培训成果的真实性和有效性进行评审，并且依据培训评价体系给予相应的积分，提交项目组。项目组完成审核打分工作后，在系统中公示参训教师的每一项积分。

积分管理系统主要完成培训积分数据的收集、整理和计算。鉴于积分计算的复杂性，积分数据的整理工作需要借助计算机，以此提高工作效率。中瑞教师5H项目组通过微信小程序实现了积分数字化管理的功能。在小程序中，"积分管理"分为4个大模块，每个大模块分为3个小模块，每个小模块开设不同的活动，每个活动都具备项目组发布活动预告、参训教师提交活动成果、培训师进行查阅和给出相应分数的功能。参训教师在自己的界面可查看每个活动的积分、每个小模块的积分、每个大模块的积分、所有人的积分和自己所处的排名。培训师可以在自己的界面查看所负责模块的所有活动信息，以及所有参与该模块的教师提交的信息。在自主申请活动模块，参训教师可按照模块分类自主申请活动，系统设置了审批机制，审批人员包括培训师、主管领导和5H项目组。项目组管理人员有查看所有信息的权限。

（四）积分制应用的意义

首先，积分制的引导能够让参训教师及时得到认可和回报，获得精神层面的激励。这能够充分激发教师的主观能动性和自我驱动力，变被动为主动,有效提高教师参与培训学习和产出培训成果的积极性,解决"工学矛盾"问题。

其次,积分制能够有效地记录参训教师培训的基础数据,绘制教师培训积分画像。积分制建立后,通过有导向性的数据统计分析指标,如模块积分分析、优秀教师积分分析、教师积分分布情况分析等,为培训效果评估提供参考依据,为培训改善提供科学的数据支撑。同时,教师成长证明材料的储存,有助于教学管理部门掌握每位教师的发展状态,正确评价教师的工作能力,为学校制订师资队伍建设规划提供参考依据。

最后,积分制的实施能够为教师职业素养的考核评优提供科学的依据。一些应用型高校采取的考核教师职业素养的方法比较简单,考核指标的选取和评价制度不明确,从而造成考核结果的失真。用积分体系进行考核,由于教师积分在系统中进行了明确公示,培训评先评优可直接与积分挂钩,这可以从根本上避免评优难、容易发生矛盾的弊端,从而真正发挥考核评价的鉴定、指导、激励等作用。

参考文献

[1] 张媛媛,李大伟. 基于积分制的高校教师师德考核评价体系研究 [J]. 北京教育(高教),2019(5):30-32.

[2] 李晓勇. 企业构建培训积分制管理体系探讨 [J]. 新商务周刊,2020(6):36-37.

[3] 秦武,曹彦国. 高职院校教师绩效积分制管理的探索与实践 [J]. 天津职业院校联合学报,2019,21(6):3-8.

[4] 冯志明. 积分制管理:高职院校教师绩效评价改革的探索与实践 [J]. 职业技术教育,2018,39(2):63-67.

[5] 罗莉. 高校教师职业素养提升路径研究 [J]. 科教导刊-电子版(上旬),2021(9):117-118.

5H 理念在提升高校基层行政队伍职业素养中的应用探析
——以中瑞酒店管理学院为例[1]

王珂[2]

摘　要：高校基层行政队伍承担着协调、管理和服务学校工作的重要任务，其职业素养的高低，直接影响高校的治理能力与管理水平。中瑞酒店管理学院通过十余年的应用型教育教学探索，形成了一套行之有效的 5H 教育理念。本文首先研究了高校基层行政队伍应具备的职业素养，然后分析了中瑞酒店管理学院基层行政队伍的现状，最后结合 5H 教育理念，就基层行政队伍职业素养提升提出建议。

关键词：5H 理念　基层行政队伍　职业素养

对一所学校来说，基层行政队伍是师资队伍的重要组成部分，承担着学校教育教学工作顺利进行的重要保障性工作。因此，基层行政队伍职业素养的培养与提高，对教育教学水平的提高具有十分重要的意义，其关系着学校的长远发展。中瑞酒店管理学院（以下简称"中瑞"）作为国内应用型酒店管理专业本科教育的典范，通过十余年的应用型教育教学探索，形成了一套行之有效的 5H 教育理念：Hand（动手）、Head（用脑）、Heart（走心）、Health（健康）、Happiness（快乐）。

一、高校基层行政队伍应具备的职业素养

按照高校的行政管理体制，高校行政管理人员主要分为三个等级：一是校（院）级高层管理人员；二是职能处室、二级学院中层管理人员；三是基层行政人员，指直接从事教学科研管理、学生管理、财务管理等

---

[1] 收稿日期：2022 年 1 月 26 日。修订日期：2022 年 3 月 2 日。
[2] 王珂，中瑞酒店管理学院行政人员，经济学硕士。主要研究方向：人力资源管理。

具体工作的人员。本文研究的是从事基层行政工作的教职工,他们是高校行政工作的主要实行者,为教学科研提供服务。

职业素养是人们在社会活动中需要遵守的行为规范。教师职业素养一般是指教师在从事教育劳动过程中形成的比较稳定的职业观念、行为规范和道德品质的总和。除职业观念、行为规范和道德品质外,高校基层行政人员还应具备较强的政治水平和组织协调沟通能力。结合高校基层行政工作的特点,基层行政人员职业素养主要包括以下几个方面。

(一)思想政治方面

思想政治包括政治立场、思想品质和作风,它是做好基层行政工作的基本保证,是高校基层行政人员职业素养中最重要最基本的一项内容。高校基层行政人员应具备良好的思想政治素养,领会习近平新时代中国特色社会主义思想,树立正确的历史观、民族观、国家观、文化观,坚定中国特色社会主义道路自信、理论自信、制度自信、文化自信,准确理解和把握社会主义核心价值观的深刻内涵,带头践行社会主义核心价值观。

(二)服务意识方面

服务意识是指在履行职责的过程中,为相关人员提供热情、周到、主动的服务的欲望和意识,是保障行政工作顺利进行的关键因素。高校基层行政人员的主要服务对象是教师和学生:面对教师时,应从教学科研的角度提供专业的服务;面对学生时,应从人才培养的角度提供专业的服务。高校基层行政人员行动的出发点是为教师的教学科研工作服务,为学生的成长和发展服务。

(三)业务能力方面

业务能力是履行职责必备的能力,主要包括知识储备能力、组织协调能力、沟通能力、创新能力等。业务能力直接关系到工作的执行效率。高校基层行政人员应该具备符合岗位要求的专业知识和技能,保证业务活动的正常开展。高校基层行政人员要具备一些基本的管理能力。除了完成日常工作外,行政人员还要组织协调各种关系、沟通处理各种问题。为了保证工作的顺利开展,基本的组织协调和沟通等管理能力是高校基层行政人员应该掌握的技能。高校基层行政人员要具备创新能力，及时学习新政策、新知识、新方法、新技能，并将所学内容运用到工作中，创新工作方式方法，提高工作效率。

（四）心理素质方面

心理素质是人的性格品质与心理能力的综合体现。良好的心理素质是保障工作顺利开展的基础。高校行政人员应该有健康的身体，这是有效承担繁重日常事务的前提；高校行政人员要有良好的性格品质，具有较强的情绪控制能力，以积极的心态面对工作中的问题；高校行政人员要有较强的心理承受能力，能进行自我心理调适。

二、中瑞基层行政队伍的现状

（一）年龄结构分析

在中瑞基层行政队伍中，45岁及以下教职工占比为78%。其中，在男性教职工中，45岁及以下教职工占比为70%；在女性教职工中，45岁及以下教职工占比为82%。整体看来，中瑞基层行政队伍年龄结构合理，是一支充满生机和活力的队伍。

（二）学历结构分析

在中瑞基层行政队伍中，大专及以上学历人员占比为93%，大专以下学历人员占比为7%，整体学历结构比较合理，能满足基层行政工作要求。

（三）职称结构分析

在中瑞基层行政队伍中，高级职称人数占比为7%，中级职称人数占比为13%，初级职称人数占比为15%，无职称人数占比为65%。由此可见，基层行政队伍中具有职称，尤其是具有高级职称的人数占比明显偏低。

（四）工作经验分析

在学院基层行政队伍中，具有业界工作经验的人员占整体队伍的20%。作为国内应用型酒店管理专业本科教育的典范，中瑞基层行政队伍整体上业界酒店工作经验略显不足。

（五）专业结构分析

根据《普通高等学校本科专业目录（2012年）》的分类标准，中瑞基层行政队伍中获得管理学相关专业毕业证书的人员占整体队伍的38%。基层行政队伍中具有管理学专业知识背景的人数占比偏低。

（六）培训现状分析

目前，针对基层行政人员的培训包括入职培训、行政5H培训，培训内容涵盖思想政治建设、校园文化、规章制度、管理学基础知识、心理健康等方面，培训方式主要以课堂讲授为主。行政5H培训是中瑞新组织的专门针对行政岗位的培训，学员参与培训的主观意愿较强，但因工作安排，偶尔会出现报名学员不能按时出勤和中途换人的情况。

三、中瑞基层行政队伍职业素养提升建议

（一）坚持理论实践相结合，创新工作方式方法，提升培训效率

在基层行政队伍中，45岁及以下教职工占比为78%，大专及以上学历人员占比为93%。从年龄和学历两方面分析，基层行政队伍具有较强的学习能力，因此应培养教职工坚持学习的习惯，同时鼓励教职工将所学内容与工作实际需要结合起来，坚持知行合一，创新工作方式方法，不断提升工作效率。建议从以下三方面开展5H培训工作。

一是行政5H培训制度化。管理人员和教职工都要正视、重视5H培训，将5H培训纳入制度管理，确保所有行政人员均参与5H培训。

二是培训内容要符合行政工作特点和要求。目前，整体基层行政队伍在管理学方面知识储备不足，应加强管理学知识的培训。

三是创新培训方式方法。避免单一的课堂授课形式，采用实地考察、实际操作、团队建设等形式，提升培训效果。

对于培训和实践效果优秀的教职工，中瑞宜制定相应的激励制度，在评价评级、职称评审、评先评优等活动中，给予适当的加分或倾斜政策，以鼓励教职工积极学习、积极实践，不断提高自身职业技能，从而提升中瑞的行政工作效率。

（二）坚持动手和用脑相结合，加强与业界的沟通，体现酒店特色

一方面，在中瑞基层行政队伍中，具有业界工作经验的教职工仅占整体人数的20%；另一方面，在一所以酒店管理专业为特色的校园内，行政工作也应具有酒店的特色。因此，应加强行政队伍与酒店业界的沟通，学习业界酒店管理前沿的理论和实践方法。学院可从以下三方面加以改进：一是在人才引进过程中，部分岗位偏向业界人才的引进；二是鼓励行政人员多与业界沟通，交流工作方式方法，坚持学习，研究酒店管理专业前沿知识，不断提升自身专业技能，提高自身工作效率；三是落实行政岗位业界挂职锻炼计划，让行政人员走进业界，实地调研业界的运营模式、工作操作的流程。以上三个方面的改进措施，有助于学院的行政工作体现出酒店的特色。

（三）坚持用心服务、真诚服务，提升服务满意度

中瑞教职工职业道德行为规范规定，教职工要"以真诚的态度面对师生的诉求，善于换位思考，服务师生时不能推诿"。基层行政人员在实际工作中，应将规范要求落实到位，站在师生的角度理解他们的所思所想，以师生利益为出发点考虑问题，提出有效的解决办法，真诚服务师生，提升服务满意度。

（四）注重身体健康，保持快乐心态

首先，在身体健康方面，基层行政人员应注意身体健康，积极参加适应身体条件的健身活动，不断提高身体素质，从而保证良好的健康状况。其次，基层行政人员要注重心理健康，以积极、乐观的心态面对工作和生活中的各种压力及负面情绪，通过健康的途径缓解自身压力、减少负面情绪。

（五）树立健康的职业观，积极奉献社会

中瑞基层行政队伍虽然不直接参与学院的教育教学工作，但是基层行政队伍是保障学院教育教学工作顺利开展的重要基础。因此，所有基层行政人员应重视自己的职业价值，认识到学院的持续发展、教育教学质量、人才培养水平都与基层行政人员的奉献密不可分。中瑞基层行政人员应正确看待自身工作的价值，树立正确的价值观，提高自我职业认

同感、荣誉感，树立乐观向上、快乐工作的理念，积极投身学院各项行政工作，用自身的职业素养服务师生、奉献社会。

参考文献

[1] 管欣.民办高校行政管理人员职业能力提升的探讨[J].广东蚕业，2017，51（10）：46.

[2] 罗漫.浅谈高校行政管理人员职业素养和能力提升[J].人才资源开发，2020（5）：47-49.

[3] 宋浩，姚飞.高校行政管理人员职业能力提升路径和方法[J].管理观察，2016（31）：135-137.

[4] 洪蓉蓉.高校行政管理人员职业素养提升研究[D].宁波：宁波大学，2015.

民办高校人才梯队建设研究

——以中瑞酒店管理学院为例[①]

王小伟[②]

摘　要：人才资源是民办高校立足及发展的核心资源。鉴于人才资源的重要性，各民办高校非常关注如何吸引人才。要想保持长久的竞争力，民办高校必须建设人才梯队。本文研究了民办高校开展人才梯队建设的重要意义，分析了中瑞酒店管理学院人才梯队建设的现状，提出了人才梯队建设工作改进路径。

关键词：人才梯队　民办高校　人才培养

通过人才梯队的培养，民办高校可以储备需要的人才队伍，更好地实现文化传承及持续发展。因此，"如何有效地开展人才梯队建设"成为各民办高校需要深入研究的问题。在可用资源有限及市场竞争日益激烈的双重压力下，人才梯队建设将是民办高校的战略性任务。中瑞酒店管理学院（以下简称"中瑞"）作为民办高校，通过十余年教育教学探索，已成为国内应用型酒店管理专业本科教育的典范，同时培养了一支特色鲜明的师资队伍。本文将以中瑞为例，就民办高校如何最大限度地统筹人才资源、优化人才队伍结构、提升人才队伍质量展开探讨。

一、人才梯队建设工作的重要意义

（一）实现人才储备

在人才梯队建设过程中，高校需要从外部和内部发掘优秀人才。外部人才的引入，应围绕高校未来发展的人才需要，以人才梯队建设为指

[①] 收稿日期：2022年9月。
[②] 王小伟，中瑞酒店管理学院副教授，硕士。主要研究方向：人力资源管理。

引,采用"人才助力发展"代替"填空式"的人力选用方式。内部人才需要在实践中培养,同时激发人才的创造精神,形成继任者的人才源泉。建立在人才梯队建设基础上的外部及内部人才的选聘、培养与任用,可以形成人才资源池,为民办高校战略目标的实现提供坚实的人才保障。

(二)实现文化传承

企业发展靠人才,人才队伍建设的核心是文化,文化的重要作用之一就是增强凝聚力。人才梯队建设在人才的选聘、培训、考核、任用等方面应始终贯穿文化的宣传、教育与实践,以保障人才的文化认同感、发展使命感,从而实现企业文化的不断传承。

(三)实现持续发展

人才保障是民办高校持续发展的原动力。人才梯队建设可以为民办高校持续发展提供源源不断的优秀人才。人才梯队建设可以实现人才队伍年龄不断层、学历不滑坡、教育教学水平的提高,从而为民办高校深入发展及扩张发展提供人才保障。

二、中瑞人才梯队建设的现状

中瑞的岗位主要分为管理岗、教学岗、行政岗及工勤岗。教学岗及行政岗是学院运行及发展的中坚力量,也是人才梯队建设中内部培养的主要人才资源池,可称为关键岗位。为了了解中瑞人才梯队建设现状,本文将对关键岗位人员情况加以分析。

(一)年龄结构分析

中瑞关键岗位人员的年龄结构整体上呈正态分布,体现出老、中、青三代健康发展。其中,35岁及以下人员占比为34.5%,36～45岁人员占比为46.5%,这能够保障人才梯队建设过程中内部选拔优秀人才的供给数量。

(二)学历结构分析

中瑞关键岗位人员中具有专科及以下学历人数占比为19.0%,本科学历人数占比为40.8%,硕士人数占比为35.9%,博士人数占比为4.2%。从高校未来发展角度看,硕士及以上学历人数占比偏低。

(三) 职称结构分析

在中瑞关键岗位人员中，无职称人员主要以行政为主，另一部分为新入职或应届毕业未能参与职称评审的人员。职称结构满足目前工作需要，但根据未来发展，无职称人员需要短时间内实现职称的申报与晋升。

(四) 从业背景及经验分析

在中瑞关键岗位人员中，具有学界背景及酒店业界背景的人员数量与无学界背景及酒店业界背景的人员数量基本持平，这保障了理论与实践的高效融合。同时，近51%的人员曾有过管理岗位工作经验，这为学院人才梯队建设提供了管理人才保障。

(五) 人才梯队建设工作现状分析

中瑞关键岗位人员年龄集中在36～45岁，与管理岗位人员的主要年龄段重合较多，从内部人员培养角度看，这不利于人才梯队的形成。虽然36%的管理人员为内部培养人才，但是其培养时间较长，培养系统性不强。目前，中瑞仍存在17%的管理岗位未能列出合适的后备人才、继任者培养未能列入管理者的绩效考核等问题。

三、人才梯队建设工作改进路径

中瑞人才梯队建设工作应从人力资源专业的选、育、用、留模块入手，建立切实可行的人才梯队建设工作长效机制，实现人才梯队建设的有效性，最终为持续发展提供人才支持及智力保障。

(一) 优化人才梯队甄选体系

1. 坚持人才甄选以内部为主、以外部为辅的原则

人才梯队建设工作中继任者的选拔应坚持以内部甄选和培养为主，通过内部选聘机制为教职工提供成长机会，培养教职工归属感、忠诚度，保障文化传承的持续性。外部人才的甄选在内部没有合适候选人时启动，它对人才甄选起辅助和补充作用。

2. 人才甄选围绕人才梯队建设的需要

根据人才梯队建设工作需要，无论是内部还是外部的人才甄选，均须考虑年龄、学历、职称、工作经历等与现有梯队人才的匹配度，对现

有团队人员进行有效补充，如人才甄选要充分考虑高学历、高职称、有管理岗工作经历的年轻人。

3. 预设职业发展路径

人才甄选须着眼于未来发展，同时结合候选人的职业发展意愿进行。也就是说，人才甄选应与未来发展需求相结合，预设职业发展方向及路径，统筹考核人岗匹配情况。

（二）促进人才梯队培养体系

1. 通过5H系列培训夯实人才素质

中瑞着力培养全体师生掌握三个能力和两个习惯——动手能力、用脑能力、走心能力、健康习惯、快乐习惯，可概括为5H教育理念，并围绕5H开发出以提升师生职业素养为目标的系列培训课程。根据教职工的不同级别，5H培训内容有所区别，课程定期更新，每年循环推出，培训过程贯穿中瑞文化及核心价值观，可覆盖全体教职工，能够为人才后续培养提供职业素养保障。

2. 通过酒店培训强化人才质量

通过学界背景教职工的酒店挂职培训和业界背景教职工的交叉培训，加强教职工与业界的沟通，掌握酒店运营与管理的发展趋势及前沿理念。培训后，教职工可结合中瑞实际工作，反哺教学。

3. 通过多样化培养方式保障人才成长

中瑞通过入职培训、新人计划、5H培训、交叉培训、轮岗培训、酒店挂职培训、职业导师辅导等多种培养方式，保障人才成长，达成培养目标。既有系统专业的统一培训，也有量身定制的个性化培养方式。

（三）建立人才梯队制度保障体系

制度体系是保障人才梯队建设工作有效、持续开展的重要基础。具体包括以下几点：一是人才甄选制度，用人才推荐奖励制度扩大甄选范围，为人才资源池不断"蓄水"；二是培训制度，用5H培训结果衡量后备人选职业素养，用不同级别的培训课程结果界定职位晋级的门槛，用职业导师制督导教职工不断发展与创新；三是薪酬福利制度，激励不同级别的继任者享有相应福利待遇；四是绩效考核制度，将继任者培养纳入管理人员绩效考核，将自身提升情况计入绩效结果。

（四）搭建人才梯队建设展示平台

1. 广泛宣传，体现优秀

通过线上、线下多种渠道，宣传人才梯队建设工作。通过论坛、沙龙、讲座等活动，加强人才交流。通过竞聘、代理职位等，检验继任者的培养效果，为其搭建展示自我的平台。

2. 打造典型，树立榜样

通过榜样的力量吸引更多优秀人才参与梯队建设及人才培养工作，为个人职业发展指明方向，从而形成良好的风气。

参考中瑞的人才培养体系，民办高校人才梯队建设工作，可通过甄选、培训等有效、持续培养一支与未来发展相匹配的人才队伍。

参考文献

[1] 陈海燕. "双一流"背景下高校档案人才队伍建设研究：以上海交通大学为例[J]. 兰台世界，2020（10）：66-68.

[2] 叶林. 基于战略人力资源管理的人才梯队建设研究[J]. 企业改革与管理，2021（16）：67-68.

[3] 谭芬. L公司人才梯队建设研究[D]. 哈尔滨：哈尔滨工业大学，2021.

第二部分
Hand——动手实践篇

酒店专业操作技能的培养在实操教学中的探索

——以中瑞酒店管理学院"餐饮服务应用"课程为例[①]

王宁[②]

摘 要：现代学校教育的价值，突出表现在学生文化素养的综合提升与职业技能的形成和发展上。本文站在酒店专业操作技能的重要性等方面，对中瑞酒店管理学院实操教学"餐饮服务应用"课程进行研究。

关键词：酒店行业 职业技能 餐饮服务 实操教学

中瑞酒店管理学院（以下简称"中瑞"）强调理论与实践的高度统一，紧密围绕旅游酒店行业对人才的需求办学，秉承"知行合一，学以致用"的校训，坚持养成式教育。具有中瑞教学特色的"餐饮服务应用"课程的设置，与酒店的管理人才素养需求相匹配，为中瑞毕业生的个人发展奠定了牢固的实践基础。

一、酒店专业操作技能的重要性

"知"与"行"的统一是劳动者劳动能力的体现。在酒店行业，酒店员工要掌握一定的理论知识和实践知识，同时要具有采取实际行动的能力，也就是执行力。操作技能的优劣直接影响劳动成果的品质。对于衡量餐饮服务质量的标准，操作技能起到了重要作用，它将直接影响客人在餐饮服务中的体验感，从而会使酒店整体服务质量产生变化。

二、酒店专业操作技能培训的必要性

员工流失率高、人手短缺是酒店行业面临的一大问题。在酒店日常

[①] 收稿日期：2020 年 7 月 23 日。修订日期：2020 年 9 月 26 日。
[②] 王宁，中瑞酒店管理学院教师。主要研究方向：餐饮服务。

服务过程中，要想达到高效服务这一要求，必须善于进行资源整合，充分调动现有人员，最大化实现个人价值。例如，一名服务人员要想同时拿取多听饮料，以及搭配的杯子、吸管、杯垫等用具，必须使用服务托盘。正确使用服务托盘，快速、平稳、安全地运输物品并为客人提供专业的餐饮服务，从而使客人满意。

因此，对酒店行业员工专业技能的培训不可或缺，这不仅可以提高员工的日常工作效率，而且可以让员工掌握更多专业技巧并将其运用到服务中。

为了保证星级酒店的服务标准，员工需要达到一定的服务标准后才可以直接面对客人，做"台前"服务。如果达不到服务标准，员工需要以非在岗的形式进行"幕后"培训。必要的服务培训侧重服务技能，以满足客人对服务的基本需求，从而提高服务质量。

据调查，多数餐厅员工对培训比较反感，他们会找各种借口排斥培训，或者不认真听讲，这导致培训效果不理想，培训没有起到实际的推动作用。

三、中瑞实操教学解析

工作人员接受教育后才能从事各类职业活动。中瑞以酒店管理专业为特色，不断探索应用型人才培养模式。中瑞结合学生不同阶段的学习特点，设定了不同课程，以达到知识与技能相统一的教学目标，从而帮助中瑞毕业生最大化发挥主观能动性，快速地融入新的工作环境中。

以中瑞"餐饮服务应用"的西餐实操课程为例，课程教案将知识点、实操点及运营三个方面进行了汇总，做到了理论与实践相结合，如表1和表2所示。

表1 "餐饮服务应用"课程的部分知识点与实操点教案内容

编号	教案名称	教案类别	教案编号	知识点	课时	时段	讲授人员
1	餐饮部概况——瑞苑西餐厅介绍	知识教案	ZSD-WR-01	部门组织结构,餐厅介绍,仪容要求,规章制度,安全细则	40分钟	7:00—7:40	实操师1#（集中授课）
2	课前预习测试	知识教案	ZSD-WR-01	测试及答案讲解:瑞苑西餐厅基本概况（运营时间、服务形式、规章制度、安全、仪容、考勤制度、分数组成）	20分钟	7:40—8:00	
3	领位服务	实操服务教案	SC-WR-01	迎宾服务,引领客人落座服务,服务用语及禁忌,呈递菜单服务,领位员与值台员交接,餐厅预订,打包服务	20分钟	8:10—9:10	实操师1#（分散授课）
4	点单服务	实操服务教案	SC-WR-02	记录的方法及注意事项,沟通与交接,服务用语,中式、美式、欧式早餐（重点蛋类产品）	15分钟		
5	更换餐具服务	实操服务教案	SC-WR-02	食品与餐具的搭配及正确摆放位置,小料的搭配及正确服务方法,分餐服务（餐包服务）,服务用语	15分钟		
6	结账服务	实操服务教案	SC-WR-02	检查客人满意度,检查账单,递交账单,结账收款,送客服务	10分钟		
7	服务酒水	实操服务教案	SC-WR-02	吧台准备工作,托盘使用,早餐饮品服务,早餐咖啡、谷物服务	30分钟×4	8:10—8:40 8:40—9:10 9:10—9:40 9:40—10:10	指导师1#（分散授课）
8	备餐间/传菜	实操服务教案	SC-WR-02	划单,传菜,餐后收尾,杯子、餐具的擦拭及整理标准,操作安全	25分钟×4	8:10—8:35 8:35—9:00 9:00—9:25 9:25—9:50	指导师2#（分散授课）

表2 "餐饮服务应用"课程的部分运营教案内容

运营区域	主要负责人	主要指导工作内容	考核标准
A区	指导师1#	1. 人员分配 2. 迎宾服务，引领客人落座服务，服务用语及禁忌，呈递菜单服务，领位员与值台员交接 3. 记录的方法，沟通与交接，服务用语 4. 食品与餐具的搭配及正确摆放位置，小料的搭配及正确服务方法，分餐服务（餐包服务），服务用语 5. 早餐饮品服务，午餐软饮及气泡果汁服务 6. 检查客人满意度，检查账单，递交账单，结账收款，送客服务 7. 餐后收尾	1. 迎宾服务标准 2. 点餐服务考核表 3. 软饮料服务标准考核表 4. 结账服务标准

（一）中瑞实操教学现状

中瑞学生会经历两次实习。第一阶段的实习安排在大二上半学期，初入酒店的学生对酒店现状不了解，一般会在酒店的基础运营部门任职，如餐饮部、前厅部、房务部。因此，针对大一新生而开设的实操教学包含餐饮服务课程、房务课程、食品制作课程，以满足学生在第一阶段的实习需求。第二阶段的实习在第六学期进行。

实操课程的设立，营造了与酒店环境、氛围贴近的工作环境，使学生在校内完成对酒店的初步认知，以及对基础操作技能技巧的掌握，这有助于学生快速理解今后的工作，同时建立酒店人的思维模式。

（二）中瑞实操教学优势

1. 科学的课程设置

中瑞实操课程注重科学性。例如，"餐饮服务应用"课程是一门综合的服务型课程，包括中餐厅服务、西餐厅服务、自助美食广场服务、酒吧服务等独立课程，主要讲授服务基础知识及其具体应用，侧重讲解并强化应用服务流程及细节。通过各项实操练习，学生能够掌握餐饮服务基本操作技能、完成简单的服务接待任务，并初步具备良好的职业素养，从而为将来的职业生涯打下坚实的基础。

2. 明确的职业定位

校内所设立的中餐厅、西餐厅、自助美食广场、品酒教室、雪茄吧、酒吧、交流吧等实操平台，可以满足学生日常练习服务操作的需求。实景接触不仅可以提升学生的人际交往能力，而且可以让学生了解行业的实际需求，使学生明确职业定位、提升就业能力，从而为未来的职业发展奠定基础。

3. 专业的教师团队

在中瑞的实操团队中，授课教师均具有5年以上的餐饮服务管理经验。在实操授课过程中，教师不仅可以对专业操作技能技巧予以指导，而且会把过往丰富的餐饮经验传授给学生。学习没有捷径，但一定有方法，教师自身的实战经验对应用型人才的培养起着推动作用。

（三）中瑞实操教学发展方向

随着社会的发展，授课教师的教学模式、教学理念和教学手段应该与时俱进，进而使学生的自主创新能力得到提高，这是实操教学发展的目标。为了使实操课程教学效果更佳，中瑞从以下几个方面进行提升。

1. 提高学生在课堂上的参与度

实操教学应改变以教师为主体的授课模式。教师应了解学生需求、兴趣爱好、关注领域等，吸引学生对课程的关注度，继而展开课程内容，并将课堂主角转变为学生，引导学生积极思考、参与课堂。

在"餐饮服务应用"课程中，学生充分理解教师所讲的服务流程及操作要领后，教师会邀请学生动手实践，包括如何正确使用服务托盘、如何使用点餐系统等，让学生亲身体验，真正地参与课程。

2. 转变教师固有思维模式

教师固有的思维模式将影响课程的创新性，阻碍课程与时俱进。授课教师应在设计课程教案时以批判性思维，打破原有常规方式，不断更新调整授课内容。中瑞一直秉承与业界贴合的教学理念，每名教师都会关注业界前沿信息，实时更新授课素材。

"餐饮服务应用"课程中所使用的教学课件，会随着酒店前沿信息的变化而保持更新。例如，教师巧妙地将火爆全球的"茅台咖啡"引入实践环节，运用地道的贵州茅台酒与拿铁咖啡，精心调配出独具中瑞特色的"酱香拿铁"。这款饮品不仅赢得了师生的一致好评，而且激发了学生动手操作的热情，显著提高了他们的实践频次。

3. 强化标准化技能操作

中瑞在实操教学管理中鼓励学生犯错误，以避免实际工作中因操作技能不熟练、没有实战经验而导致客人投诉等情况的发生。专业的技能操作需要反复动手操作练习、亲身感受，进而形成肢体记忆。在日常实操练习中，中瑞鼓励学生多动手练习，总结经验教训，调整方式方法，最终达到专业技能操作的标准，教师需思考适合学生的教学方法，以降低错误率。

在"餐饮服务应用"课程中，学生不小心将餐具打翻时，现场的师生将鼓掌，这是为了让该生记住此次失误，鼓励其总结"失败"的教训，多练习、多注意。

4. 将线上线下相结合

互联网科技的发展带动了教学模式的革新。线上线下相结合的教学模式，将成为未来授课模式的发展方向。就中瑞实操课程而言，教师将知识点与实操点进行了重新梳理，用线上线下相结合的授课模式进行教学。线上教学使学习的灵活性大大提高，学生可以自由分配时间。不同基础、不同进度的学生可以针对自身条件了解重难点信息，从而将更多的时间分配给实操学习，拥有更多的实践体验，最终达到"知行合一"的教学目标。

四、结语

"餐饮服务应用"课程通过植入专业操作技能教学，可以合理化解决动手操作缺乏的实际问题。实操教学课程内容设计合理、针对性强，可以为酒店行业人才培养奠定良好的实战基础。在此条件下，教师应持续调整、改进教学方法，科学管理教学工作，从而稳步提高教学水平，达到更高的教学质量。

随着我国经济的发展和经济结构的战略性调整，现代酒店业作为我国朝阳产业——旅游业的三大支柱之一，面临着新的机遇与挑战。员工培训则是酒店员工职业发展的必要环节。线上培训课程促使员工了解酒店相关知识。整体来看，企业文化、产品知识、技能、健康等维度的信息组成了酒店培训内容。

参考文献

[1] 许竞. 职业技能形成：跨学科理论与国际比较 [M]. 北京：社会科学文献出版社，2019.

[2] 陈明昆. 中国职业教育改革与发展实践 [M]. 沈阳：辽宁教育出版社，2016.

[3] 谢长法. 中国职业教育史 [M]. 太原：山西教育出版社，2011.

[4] 张斌. 餐厅员工培训大全 [M]. 2 版. 北京：中国纺织出版社，2014.

[5] 姚颖. 逆思维心理学 [M]. 沈阳：辽海出版社，2018.

[6] 刘桂林. 中国近代职业教育思想研究 [M]. 北京：高等教育出版社，1997.

[7] 贝利，休斯，穆尔. 工作实践出真知：业本学习与教育改革 [M]. 许竞，项贤明，等译. 北京：中国人民大学出版社，2011.

[8] 曹海娟. 大学生创新创业与人才培养模式研究报告 [M]. 北京：人民邮电出版社，2016.

[9] 王勇. 翻转课堂的理论与实践：基于应用型本科人才培养的探索 [M]. 杭州：浙江大学出版社，2016.

实操课剧本式教案编写研究
——以中瑞酒店管理学院"夫妻肺片"菜品制作课为例 [1]

刘玉凤 [2]

摘 要：关于实操课教学方法，学者多有研究，但对于本科教育中的食品制作实操课程教案编写，系统性研究的文献仍不够充分。本文对剧本式教案进行初步描述，解释了剧本式教案对实操课程的适用性，并以中瑞酒店管理学院"食品制作"实操课程中的"夫妻肺片"菜品制作为例，讲解了剧本式教案的编写基本思路和特殊环节的教学设计，同时在教案设计中注意学生知识、能力、素质的全方位考量。由于实操课程的特殊性，教师适宜在备课中及课后思考中完善教学流程，以达到教学目标。

关键词：实操课程 剧本式教案

中瑞酒店管理学院（以下简称"中瑞"）中超过60%的专业教师具有酒店高级管理岗位从业经验，实操课程教师具有多年酒店一线工作经验。教师采用模块化小班的方式授课，在真实场景中授课，让学生体验"做中学""学中做"。此种授课方式真实且灵活多样，对教案的要求较高，能很好地指导教学、实现教学目标，能够将教师多年工作经验融入其中。基于以上原因，实操教案设计值得研究。

一、剧本式教案与实操课程

《辞海》对"剧本"的解释如下："文学作品的一种体裁。是供戏剧演出创造用的文字依据。由人物的对话（或唱词）和舞台等指示组成。"

---

[1] 收稿日期：2022年10月。
[2] 刘玉凤，中瑞酒店管理学院讲师，工科硕士。主要研究方向：酒店管理。

《现代汉语词典》对"教案"的解释如下："教师在授课前准备的教学方案，内容包括教学目的、时间、方法、步骤、检查以及教材的组织等。"剧本式教案是依托于剧本的形式且含有教学内容的课程教案。学生是具有思想的独立个体，因此教师在准备剧本式教案时，需要深刻理解教学知识点和预想各种变数，提前设计教学过程。教案就像是教师的作战计划，面临未知因素，教师要以不变应万变——这里的不变，不是照本宣科，百分之百以教师为中心，而是教师把控节奏，学生踏着节拍，共同完成教学任务。

中瑞"食品制作"课程是新生的实操课程，其中包含理论知识学习和菜品的实际动手操作。理论知识与动手操作的生硬分离，完全违背了"做中学""学中做"的教学目的，因此教师选择在厨房、餐厅等实际场景授课。这种教学模式类似于医学的临床教学，学生动手操作多，教学突发情况也多，学生的注意力容易被其他事物吸引，因此实操教案编写需要教师预想较多的情况、较多的变化，以便实际教学者举一反三。

目前，以食品制作为教学内容的书籍多为菜谱类书籍，教材稀缺且质量参差不齐。中瑞的"食品制作"课程采用了中瑞自编教材。教案是教材的延伸与实践，通过长期的实践可以升华为教材，实现教案和教材的相互促进、不断优化。

本文以中瑞自编教材《食品制作》中的"夫妻肺片"菜品制作课为研究对象，探讨剧本式教案的写法。

二、剧本式教案的编写与应用

（一）教案设计基本信息介绍

教学目标是课堂的灵魂，既是教学的出发点，也是教学过程的调节依据，还是教学的归宿。剧本式教案的教学目的简单、可操作性强，并以学生的实际情况为依据。例如，很多学生吃过"夫妻肺片"这道菜，却不清楚它有几种原材料，且这道菜对刀工有一定要求，学生在不了解原材料及其质地的情况下，不能很好地操作刀具，因此本堂课教学目的之一是认识"夫妻肺片"菜品的各种原材料。

剧本式教案的教学重点会影响课堂全局。"夫妻肺片"菜品制作课的教学重点是刀工和卫生。刀工的好坏对人身安全、成本、质量标准都有影响，在授课过程中，教师要将这些知识点传授给学生，潜移默化地影响学生的行为。食品的卫生问题十分重要，"夫妻肺片"属于冷菜，其卫生要求更加严格，"夫妻肺片"这道菜的卫生控制和冷菜间的卫生控制都是这堂课的重点，教师需要在授课中充分讲解。这符合教案整体观念、统筹原则，将本堂课的教学重点融入整个"食品制作"课程的教学计划中。

剧本式教案对时间规划的要求更加严格。实操教学常采用讲授和操作相结合的教学方法，教师一边操作一边讲解，或者一个教师操作，另一个教师讲解，有时会借助多媒体等设备。这种教学方法对时间的要求、对课程进度的把控要求更为严格，教师需要在教案中把课程细化到秒，做好明确分工。

（二）教案设计特点分析

1.注重教学全过程的素质教育

杜甫诗云："好雨知时节，当春乃发生。随风潜入夜，润物细无声。"在教案的设计中，素质教育要贯穿教学的全过程，潜移默化地影响学生的行为。

在"夫妻肺片"菜品制作课的提前准备环节，教师不仅要检查实操场地的网络、多媒体、点名册等常规要素，而且要准备好合适数量的原材料、实操工具，以及保证食品安全的消毒毛巾、手套、白大褂等物品。此环节已经开始渗透成本控制和卫生安全的知识，教师可以邀请学生一起参与课前准备，这有助于培养学生的团队意识和社会责任感。

考勤环节可采用相互检查仪容的形式进行。良好的仪容不仅是工作素养的要求，而且是食品安全的要求。教师可利用特别制定的仪容打分表，让学生有据可依、有据可查。仪容检查不仅能考核学生相关的知识点，而且能培养学生的管理意识。

实操场地即工作场地，这是实操环境教学的特点。可以说，整个教学场地处处是知识点、时时是知识点、事事是知识点，这就要求教师在编写剧本式教案时"步步为营"，多预设一些学生可能遇到的情况。

2. 注重培养学生的问题意识

陶行知先生说过,"创造始于问题";现代教育学认为,思维常常由问题引起。因此,教师在设计剧本式教案的时候,要注意问题的设计,引导学生多问、善问,保护和培养学生的问题意识。

二次更衣是"夫妻肺片"菜品制作课的一个特殊环节,也是进入冷菜间的一个重要环节。教师将重点知识以提问的方式罗列在教案中,预判学生的回答,准备2至3个可替换的问题,并将问题按照难度排列。例如,教师带领学生进入二次更衣室时提问:我们先进入的这个房间叫什么?为什么要二次更衣?除了更换衣服外,我们还要做什么基本准备?洗手的步骤是什么?这保证了基本知识点的传授,同时给了学生自由发言的空间。在课堂提问的过程中,教师可以有效发现学生学习中的困难,有效诊断学生学习情况。在课堂问题回答的过程中,教师可以有效发挥教学的主导作用,学生可以真正体现学习的主体作用。

3. 注重角色分工明确

演示教学法是教师把实物、教具展示给学生,或通过某种示范性的实验说明和印证知识点的一种教学方法。在食品制作的实际操作环节,教师常运用大量的演示方法。为了保证食品卫生和人身安全,助教分步骤演示、讲师逐步讲解。教案要区分出讲师和助教的身份,将助教的操作分解为独立的动作,将讲师的讲解和提问落到每一个动作的注意事项或者知识点上。例如,"切黄瓜片"演示讲解环节教案设计如下。

"切黄瓜片"环节("演示时间+讲解时间"5分钟)
助教演示动作+讲师讲解:
1. 站姿如何?
2. 如何握刀?
3. 如何按住黄瓜?
4. 如何切?如何行刀?
讲师讲解中注意强调:
1. 切制过程的安全问题,动作经济原则。
2. 黄瓜片的标准,保证出品质量。

3. 控制成本。

讲师讲解中提问：

1.（Q&A）如何保证行刀过程中的安全？（若学生答不上来，助教可演示几种行刀方法，让学生选择判断其安全性）

2.（Q&A）什么样的操作会更加省力、符合人体工程学？（若学生答不上来，助教可演示几种操作方法，让学生选择判断）

3.（Q&A）按照量化菜单，黄瓜片应该切成多厚？（若学生答不上来，助教可切几种规格的黄瓜片，让学生选择判断，从而对黄瓜片的厚度形成感官印象）

在实操课程中，学生的动手操作应是课堂的主要部分，同时是发现学生操作问题的关键。因此，教师需要尽可能多地罗列学生可能发生的状况，并提前做好分工。例如，"切黄瓜片"的学生操作环节的教案设计如下。

"切黄瓜片"环节（学生操作时间10分钟）
助教分发手套和消完毒的毛巾。
助教将样品黄瓜片和原材料黄瓜分别放到容器中，分发给学生。
学生动手操作。（多媒体上滚动播出"切黄瓜片"的操作步骤）
讲师和助教同时监督。
学生动手操作时，教师在操作要点表格中做好记录，但不评价，除非发生危害人身安全的事故。操作结束后，教师纠正学生的错误操作。
学生操作结束后，讲师提问并讲解，助教挨个检查学生的成品并进行记录打分。（5分钟）

1. 情景提问：若不小心切破手，应该如何处理？
2. 情景提问：切的黄瓜片很厚，这会造成什么影响？（成本、出品质量等）为什么？
3. 情景提问：切制过程中，黄瓜片掉落，能捡起来放回盘子吗？（食品安全）黄瓜片掉落，会造成什么影响？（成本控制）
4.（Q&A）停止操作时应该如何处理刀？为什么？

教学活动的价值是通过教学活动发现学生的学习困难，从而使学生得到应有的发展。在上述教案设计中，教师根据课程理解，结合经验和学生特点，提前预设学生会出现的学习困难，并提前准备好解决措施，促进学生学习目标的实现。

三、结论

因为"角色"多、"分工"多、"课堂活动"多，所以实操课程需要这种看似"事无巨细"的剧本式教案，教师需要搭配使用多种教学方法。统一且详细的教案能够保证教学标准和课堂秩序，但剧本式教案不是一成不变的，为了写好这种详细的教案，教师需要一边教学一边思考，一边研究一边实践，一边归纳一边升华，不断完善和补充教案内容。在教育实践中，教师撰写教案的过程是对课堂教学的重新审视、反思和提升，这是对教学程序、教学方法、教学策略等进行整理的过程。教师既要动笔于课前，又要记载于课后。好的教案不是一蹴而就的，需要不断打磨。希望本研究可以启发实操教学教案编写者，大家共同探讨，共同打磨实操教案。

参考文献

[1] 石义堂，付宁娟. 新时代教案的设计、撰写与使用 [J]. 当代教育与文化，2019，11（6）：96-100.

[2] 张光华. 让"灵魂"更加完美：从名家教案看教学目标的确定与编写 [J]. 小学语文教学，2018（10）：51-52.

[3] 王剑峰. 提高高校课程教案设计水平的思考 [J]. 成才之路，2020（10）：9-10.

[4] 石义堂，程云. 教案撰写中的预设期待与生成空间：兼论传统教案与现代媒体技术的关系 [J]. 新教师，2019（11）：6-8.

[5] 崔宏. 浅谈中职测绘课程教学对学生实操能力的培养 [J]. 河南建材，2019（4）：301-302.

[6] 庞家林. 行为导向法在中专计算机实操课中的应用实践 [J]. 现代职业教育，2019（9）：70-71.

[7] 高柳. 让教案跃动起来：写"好"教案的感受和反思 [J]. 教育实践与研究（B），2018（4）：48-49.

酒店货物验收实操教学设计探析
——以中瑞酒店管理学院为例[①]

滕丽丹[②]　许珊珊[③]

摘　要：酒店货物验收作为酒店产品质量把关环节，关系客人的体验及满意度，同时会对酒店成本产生直接影响。因此，酒店货物验收的实操教学对酒店管理工作至关重要。研究者通过对中瑞酒店管理学院验收实操教学的调研发现，基于布鲁姆教学目标、酒店货物验收流程的教案设计效果良好。在教学组织过程中，微课录制、自主预习、互评打分的教学设计，对课堂教学效果和教学质量的提升有现实意义。

关键词：酒店验收　实操教学　教学设计　教学组织

中瑞酒店管理学院（以下简称"中瑞"）秉承学以致用、知行合一的理念。2015年，中瑞开始对传统财务课程"基础会计"进行改革，开设了理论与实操融合的酒店运营财务基础课程。酒店管理专业教学实践环节需要基于差异化目标和内容，培养具有专业认同感和较强创新实践能力的优秀行业后备人才。通过近几年的实际授课和学生反馈，教学效果有了明显提升，同时暴露出验收现场拥挤、学生自主学习能动性不高等问题。财务及投融资教研室经过反复研讨后，有针对性地进行了酒店货物验收实操教学的设计优化。

一、教学目标

酒店运营财务基础课程改革前后对比情况如表1所示。改革前采用

[①] 收稿日期：2022年9月。
[②] 滕丽丹，中瑞酒店管理学院副教授，会计学硕士。主要研究方向：酒店财务管理。
[③] 许珊珊，中瑞酒店管理学院副教授，产业经济学硕士。主要研究方向：酒店财务管理。

传统《基础会计》教材教学，核心目标是学生能够进行经济业务核算并完成简单财务分析。改革后以酒店实际业务各环节为主线，采用理论实践相结合的教学模式，让学生清楚其未来的每项工作内容均与财务各环节有关联，明确操作的安全规范性，并养成关注酒店效益和宾客体验的职业习惯。

表1 酒店运营财务基础课程改革前后对比情况

	课改前	课改后
授课教材	《基础会计》	自编教材
授课课时	32课时	14课时
授课形式	理论	理论+实操
授课内容	会计要素与会计等式 会计核算基础 账户与复式记账 企业主要经济业务 账户分类 财务会计报告 财务分析	酒店采购 酒店货物验收 酒店存货出入库 酒店盘点 加工间成本 酒店收银 酒店报表

以酒店货物验收实操教学目标设计为例。开展酒店货物验收实操教学时，学生已提前完成了该环节的理论学习，如明确酒店货物验收场地设计原理、确定收货时间等。因此，实操课程重点培养学生正确运用理论所学，遵照酒店货物验收的流程，顺利高效地完成酒店货物验收操作的能力。酒店货物验收课程的教学目标如表2所示。

表2 酒店货物验收课程的教学目标

目标分类	知识目标	能力目标	素质目标
目标内容	列举酒店货物验收准备工作，阐述酒店货物验收的原则，描述酒店货物验收注意事项	完成酒店货物验收工作，按照验收流程进行验收	树立安全高效验收管控意识

上述教学目标设计依据的是布鲁姆教学法。考虑到教学目标的可衡量性、易检测性，知识层面基础目标占总体目标50%，能力目标着重考虑能否按照流程顺利完成验收工作，素质目标着重考虑学生关注酒店成本及食品卫生安全的意识。

二、教案设计

（一）课前准备

实操课程教学涉及课堂演示教学、学生实操需要的教具设备等。为了确保教学顺利进行，必须明确授课教师课前需要完成的准备工作及需要配合的部门人员。

1. 授课教师课前准备工作

（1）教学文件及教具准备。

（2）组织学生有序进入验收平台。

（3）课前分组及考勤。

2. 协调其他部门配合准备工作

（1）供应商提供肉类检验检疫证明等。

（2）使用部门严格遵守验收规范及国家法规（如周转箱的规范使用等）。

（3）使用部门收货人员（如厨房人员）配合讲解各类物品质量的检验要点。

（4）协调和配合部门收货时间（在指定时间内按顺序到收货平台收货）。

（二）课中设计

课中设计主要基于图1所示的货物验收流程。设计的初衷是引导学生明确酒店货物的验收环节是酒店运营中很重要的一环，会直接影响酒店产品和服务的质量，进而影响客人的体验。验收人员应把好货物验收关，严格遵循验收原则，关注验收过程的每一个细节，确保收到的原材料符合使用标准。

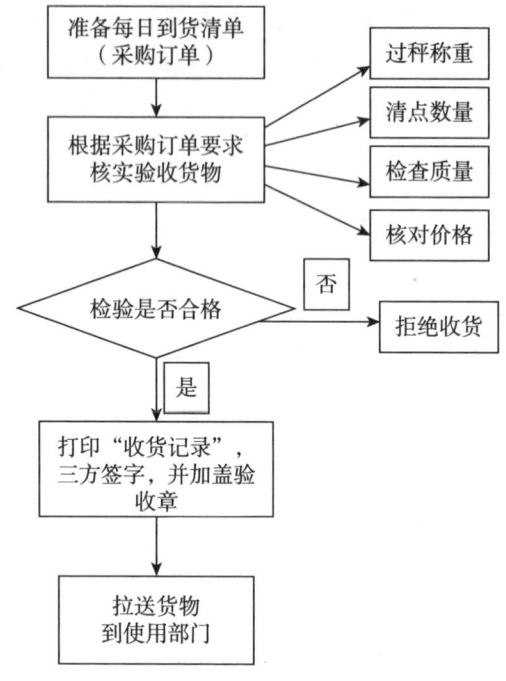

图 1　货物验收流程

（三）课后总结

（1）请学生回顾整理实操验收不同物品时的注意要点。

（2）请学生思考并列出至少两类未讲授但酒店验收管理时需要特别注意的物品，并说明如何验收。

（3）请学生思考酒店货物验收结束后需要进行什么操作，以及如何进行。

（4）请学生观察学校食堂或实习酒店的收货过程，对比课程所学，总结并思考不同之处。

三、教学组织及效果

（一）通过微课提升效率

为了更高效地实现教学目标，授课教师提前录制了微课，将验收操作要点在微课中进行了提示、强调，并引导学生预习。通过与部分学生沟通得知，这种形式便于他们自学和复习。

（二）通过小组互评管控课堂

中瑞验收实操教学的课堂可容纳 15 名学生，现有收货平台场地有限，集中验收会影响教学效果，不利于课堂安全，不便于教师进行课堂管控。因此，将学生分为两组，分别在验收平台进行验收操作，并互评打分。表 3 为验收实操环节小组评分表。

表 3　验收实操环节小组评分表

验收小组：　　　　　　评分小组：　　　　　　日期：

序号	检查事项	释义	分数	备注
1	是否检查质量证明文件	食品检验检疫证明、卫生许可证等		
2	是否检查相关日期	生产日期、保质期等		
3	称重过程是否符合规范	去皮、周转箱使用、记录、复核等		
4	是否准确清点数量	逐一清点、准确记录等		
5	是否严格核对价格	准确核实		
6	采购订单签字盖章是否完整	收货人、供应商、使用部门等		
7	采购订单是否记录规范	勾选、重量、数量等		
8	是否对质量检查各重点事项给予足够关注	冷冻冷藏食品是否重点关注、是否检查包装完好、是否检查商品外观等		
9	特殊情况处理是否合规	部分或超额到货、冷冻等		
10	组内分工是否合理	唱单、称重、检查等分工明确		
		合计		

通过试行分组互评、任课教师反馈，课程进行更有序、便于管控，学生注意力更集中，观察更细致，学生在互评过程中还能够提出教师未设计的问题，达到了教学相长的良好效果。

（三）*严格按流程规范验收货物*

实际验收时，只能收符合标准规格的物品，检验规格，注意特殊标记；核对重量时，注意食品卫生安全，如对应周转箱的使用、水产类滤除水分后再称重、去皮计量有包装的物品等；在检查质量时，要在使用部门人员陪同下，共同完成质量检查等。

大部分学生能独立地按照验收流程完成验收操作，个别学生会遇到困难，这时小组同学可以帮忙完成。值得肯定的是，有些学生在验收螃蟹时发现装螃蟹的塑料袋中有水，要求供应商去水后称重；有些学生发现面包的保质期较短，提醒使用部门注意。

四、结论

中瑞货物验收课程采用理论结合实操的教学模式，遵循验收流程。课前，录制微课、布置预习任务；课中，小组互评打分。这两种活动的引入时间尚不足一个学期，目前仅与部分学生进行了简单的沟通，学生整体的反馈与感受需要通过调查问卷获得。

致谢

教案的设计和修改经过财务及投融资教研室全体教师的多次集体讨论，在此表示衷心感谢！尤其感谢刘莉老师主动分享其积累的验收实操课程教学经验和注意事项。

参考文献

[1] 李岩.基于目标差异化的酒店管理专业高等教学实践模式设置与改革[J].黑龙江工业学院学报（综合版），2019，19（9）：12-15.

[2] 王文轩.双课堂教学方法支撑高等教育差异化学习目标分析：以实操类课程教学设计为例[J].江苏科技信息，2019，36（3）：63-66.

[3] 贾慧慧.布鲁姆认知目标下的教师提问话语：以学生为中心的教学模式[J].郑州铁路职业技术学院学报，2019，31（3）：81-83，90.

[4] 伍海琳.酒店管理专业四层四步递进式实习模式的探索与实践[J].中国职业技术教育，2009（35）：55-56.

[5] 甄少波.酒店管理专业体验式教学研究[J].魅力中国，2019（35）：390.

[6] 方玲梅，沈菲飞，胡倩，等.应用型本科高校酒店管理专业实践教学体系构建研究：基于创新创业能力培养视角[J].巢湖学院学报，2017，19（6）：104－109.

西餐英语课程的改革创新及实践
——以中瑞酒店管理学院为例[①]

付媛媛[②]

摘　要：中瑞酒店管理学院是一所学以致用的应用型本科院校，主要为酒店培养管理人才。英语是酒店行业的必备语言之一，英语课程是中瑞酒店管理学院非常重要的一门课程。传统的英语教学局限于教室，以教为中心。为了改变传统教学模式，真正培养应用型人才，中瑞酒店管理学院的英语教学进行了改革，授课场地、授课内容、授课方式、考核方式等方面都发生了很大变化。本文以中瑞酒店管理学院西餐英语课程改革作为主要的研究对象，探讨英语课程的变化，为学生英语应用能力的提高建言献策。

关键词：西餐英语　课程改革

在经济全球化快速发展的背景下，各行业对外交流与合作越来越多，酒店英语显得越来越重要。中瑞酒店管理学院（以下简称"中瑞"）作为酒店管理院校中的佼佼者，一直在培养贴近业界需求、应用能力强的学生。很多学者对英语教学的创新和改革发表了自己的见解。学者刘曦在《探究如何激发中职英语课堂活力》一文中指出，由于大多数学生的学习基础薄弱，学生在英语课堂上缺乏兴趣和主动性。学者王海燕在《新形势下英语教学的改革创新与实践》一文中强调，新形势下的英语教学改革应该推翻传统课堂死板的教学方法，实现多样化教学。如何激发学生学习英语的积极性，如何让学生学习实用的英语，如何让学生的英语学习更有效率，是中瑞需要解决的问题。

[①]　收稿日期：2022年8月。
[②]　付媛媛，中瑞酒店管理学院副教授。

一、了解学生的英语学习情况，因材施教

传统教学下的英语课堂往往注重教师的"讲"，由于学生的英语基础不同，其学习效果有很大差别。一些基础差的学生可能很难听懂课堂上的教学，因此他们认为语言课是枯燥的。要想改变这种状态，必须从摸清学生的英语基础入手，对症下药。

调查显示，2018级大一新生中，约有11.54%的学生认为自身英语基础非常好，23.08%的学生认为自身英语基础较好，42.54%的学生认为自身英语基础一般，22.84%的学生认为自身英语基础较差。据另一项调查数据，约有73.08%的学生认为自己的词汇量少、听力水平差、口语基础薄弱，约10.00%的学生认为自己的英语交流没问题。关于酒店英语水平的调查发现，大部分学生入校前从未接触过酒店英语相关的知识，只有少数学生由于家庭经营酒店而接触过一些酒店英语相关知识。

从总体上看，大多数学生英语基础不好，在词汇量、听力、口语方面都有欠缺，这是很多学生英语学习困难、说英语不自信的主要原因。在本次西餐英语的课改中，针对大多数学生英语基础薄弱的情况，西餐英语的教学重点以餐饮词汇为突破口。根据酒店反馈，对于第一次去酒店实习的学生，酒店希望他们已经掌握了一些酒店基本词汇——这是各个岗位的入门基础。同时，在英语学习中，词汇是最基础的内容。为了适应业界需求、帮助学生掌握酒店的基本词汇，本次西餐英语课程对餐饮部门的英语高频词汇和常规词汇进行了梳理，对词汇进行了归类，如餐具类、水果类、肉禽类、酒水类、调料类等，并将词汇上传课堂派（教学平台），鼓励学生打卡刷分，激发学生的学习兴趣和热情。

二、教学场所不拘泥于教室，授课形式灵活

在传统的英语教学中，教室是基本的授课场所，学生的听课效率不高，容易走神，不能很好地吸收教师传授的知识。

西餐英语课堂改革做了大胆尝试，将英语课分为输入时段和输出时段，输入时段在教室进行，输出时段在西餐厅进行。由于授课场地的改变，传统的教学模式也发生了很大改变，教师主导的课堂变为学生是主角的课堂，学生不再安静地坐在教室听，而是多练、多说。课堂由单一

的"教、听"的模式转变为"听、说、练"的模式。西餐厅的运营场景给学生提供了练习西餐英语的场所，学生在此场所可以识别西餐餐具，接打电话，为客人端茶倒水、点餐、上菜、结账，这些真实的场景能够让学生感受到英语的重要性，体会到不会说英语的窘迫和尴尬，从而从内在激发学生学习英语的动力和需求。在这样的课堂中，教师由原来的传授者转变为指导者、协助者和评估者。这样的实景教学既提高了学生的学习兴趣，又提高了学生的学习效率。

课堂实操教学模式注重学生的主体地位，强调通过情景模拟等实践行为，提升学生的学习兴趣，充分培养学生的实践能力、学习能力。把英语课堂移到实操场地，让学生进行应用与实践。

三、授课内容与实践紧密联系，及时更新

传统的英语课堂以书本上的知识作为学习的主要内容，在现代知识爆炸、信息快速更新的形势下，书本上的知识已经跟不上时代的发展，因此教师不能完全照本宣科。

（一）更新教材和授课内容

1. 更新教材

酒店行业的发展日新月异，对酒店管理专业来说，市场上相关教材中的知识已跟不上酒店的变化。例如，在有些教材中，"结账"那一章的情景对话显示酒店能接受的支付方式只有现金和信用卡，而在现实生活中，微信、支付宝已流行多时，甚至可以刷脸支付。

中瑞已经意识到了这一情况，一直更换最新出版的教材。为了跟上酒店的最新发展，中瑞于2016年开始自编教材，并不断更新自编教材。

2. 更新授课内容

书本内容比较固定，很难满足酒店英语灵活的授课需求。中瑞的西餐英语课改不再局限在书本的固定安排上，而是根据酒店每个部门的服务流程客人的就餐体验（如预定、饮品服务、点餐、餐中服务、结账），安排授课内容。学生不仅要识记每个岗位的基本词汇和句型，而且要熟记每个岗位的操作流程，使用英语为客人介绍西餐厅在售的面包、饮品、菜品。季节变换等会导致所售食品的更新、菜单的替换，于是学生需要

识记的内容也会有相应的调整。授课内容按照服务的实际需求设计，并且会随着社会科技的发展、服务理念的更新，及时更新。

（二）定期去酒店调研，了解业界所需

中瑞作为培养酒店业管理人才的院校，所教授的内容必须符合业界需求。由于英语教师大都是传统院校出身，教授酒店英语科目的教师需要了解行业的情况，特别是行业所用的英语表达。为了给学生传授业界所需的知识，中瑞的英语教师会定期去酒店调研，并利用寒暑假在酒店实训，真正做到了解行业。这样，教师教授的知识不会脱离行业，能够让学生了解最新行业知识。

四、考核方式注重过程与态度

态度是酒店业看重的品质之一。中瑞的培养模式是养成式教育，西餐英语在课改中改变了一张试卷决定高下的考核方式，注重考核学生学习的过程及其在学习过程中表现出来的态度。考核不仅是学生学习效果的检验，而且是督促学生学习的手段。期末试卷考核只能反映出学生的学习效果不理想，但对学生来说，课已结，没有弥补的机会。过程考核能给学生继续调整学习的机会，督促学生不断完善学习过程，从而获得更好的学习效果。

图1为西餐英语考核内容分布情况。西餐英语课改后将分值分成几个部分，从多方面考查学生的态度和能力，其中考勤占10%，笔记占10%，平时英语服务考核占40%（词汇考核占10%，2次输出部分的英语服务考核各占15%），课上表现占30%（5次输入部分课上表现各占6%）。此考核表面上看比较复杂，但是对学生来说，越细化的考核越公平，教师需要细致地记录学生每部分的成绩。考勤分鼓励学生按时上课；笔记分能让学生在课堂上心无旁骛地听课，便于课后复习，同时，教师可以鼓励学生发散思维，创新各种记笔记方法；平时英语服务考核鼓励刷分，考得不理想时可以继续练习，更新成绩。每项考核都有其目的，综合来看，考核的目的是督促学生多练习不会的、不熟练的内容。对于西餐英语这门课，教师不应过于看重学生的分数，而应让所有学生通过平时的考核学会英语知识。

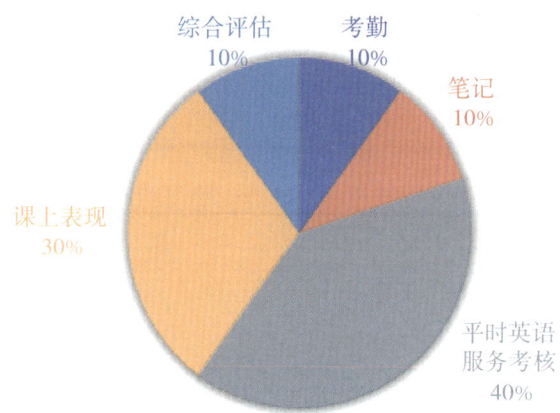

图 1　西餐英语考核内容分布情况

五、结语

英语教育是酒店管理院校课程的重要组成部分，学生的英语交流能力对以后的职业发展有非常大的影响。作为一所培养应用型人才的院校，中瑞一直致力于培养符合业界需求的人才，并不断探索新的教学模式。西餐英语课改正是秉持这一原则，不断创新，寻求各个方面的突破，以使英语真正成为一门实用的课。

参考文献

[1] 刘曦.探究如何激发中职英语课堂活力[J].考试周刊，2018（83）：110.

[2] 王海燕.新形势下英语教学的改革创新与实践[J].创新创业理论研究与实践，2018，1（21）：47-48.

[3] 刘真.基于项目教学培养酒店管理专业学生综合素养的构想及实践[J].时代报告，2016（24）：220.

[4] 程迎平.组织课堂活动，激活英语课堂教学[J].中国校外教育，2015（10）：93，106.

[5] 徐艳，杨易.加强高职院校酒店管理专业实践教学的有效策略[J].科学中国人，2015（2）：227.

[6] 陈聪.旅游管理专业本科学生专业实习实效性研究[D].沈阳：沈阳师范大学，2011.

第三部分
Head——用脑提升篇

业财融合理念下酒店管理专业财务管理类课程体系构建
——以中瑞酒店管理学院为例[①]

许珊珊[②]   滕丽丹[③]

摘　要：随着我国酒店企业发展模式的转变，财务管理在酒店经营中起到越来越重要的作用。业财融合有助于提升酒店的盈利能力，而酒店管理人员财务能力的培养重点也必须发生改变。本文以中瑞酒店管理学院为例，从培养目标的设计、实践平台的搭建、教学团队的打造、课程资源库的完善、信息化平台的应用等方面探讨了酒店管理专业财务管理类课程的体系构建。

关键词：业财融合　酒店管理　财务管理　课程体系

2021 年 11 月，中华人民共和国财政部发布了《会计改革与发展"十四五"规划纲要》，其中明确指出了要"加强对企业管理会计应用的政策指导、经验总结和应用推广，推进管理会计在加速完善中国特色现代企业制度、促进企业有效实施经营战略、提高管理水平和经济效益等方面发挥积极作用"。在规划纲要指导下，管理会计在我国酒店企业中的应用和探索逐步深入——财务管理在酒店的经营管理中起到越来越重要的作用，酒店财务从核算型财务转型为管理型财务，财务管理的理念渗透了业务管理的全过程。在业财融合的背景下，如何在专业教育基础上，通过财务类课程体系的改革提高人才培养质量，是应用型本科院校需要解决的问题。中瑞酒店管理学院（以下简称"中瑞"）是一所应用型本科院校，紧密围绕酒店行业对人才的需求办学，以酒店管理专业为特

[①] 收稿日期：2022 年 2 月 17 日。修订日期：2022 年 3 月 21 日。
[②] 许珊珊，中瑞酒店管理学院副教授，产业经济学硕士。主要研究方向：酒店财务管理。
[③] 滕丽丹，中瑞酒店管理学院副教授，会计学硕士。主要研究方向：酒店财务管理。

色，不断探索应用型人才培养模式。财务管理类课程作为酒店管理专业的必修课，其课程体系构建需要不断深化改革，以满足业财融合需求。

一、基于酒店管理人才培养方案的财务管理类课程体系的构建

财务管理类课程体系不能仅考虑财务管理类课程本身的知识点，还应结合酒店管理专业培养方案，突出业财融合，以职业能力培养为核心进行构建。中瑞的酒店管理专业人才培养目标的设定充分考虑了学生的认知规律，并将学生的职业发展路径融入了课程体系构建思路中：理论教学由浅入深，实践教学由一线岗位认知到行业认知再到管理岗位认知，职业定位由一线岗位到酒店业主（投资人）。依据专业人才培养方案的构建思路，中瑞以"岗位视角线""财务管理理论线""酒店业务实践线"三线结合的方式构建了财务管理类课程体系，实现了业务与财务相结合、理论与实践相结合、校内外实践相结合，确立了培养酒店管理的财务思维、提高职业竞争力的目标，具体如图1所示。

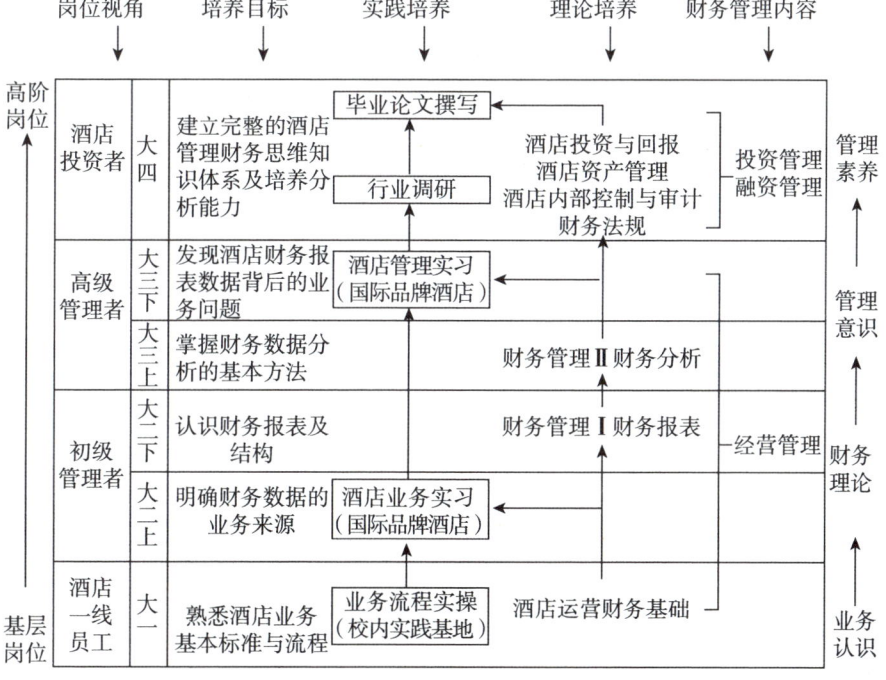

图1　酒店管理专业财务管理类课程体系

（一）多层次设计培养目标

中瑞的办学目标是培养酒店及泛服务业的管理人才。酒店管理者需要从充分了解酒店基层的业务标准与流程开始，逐步提高自身业务能力与管理能力。从员工视角到部门管理者视角，再到酒店首席执行官视角，甚至到酒店业主（投资者）视角，会看到不同的问题，不同视角看待同一问题的深度与广度也是不同的。大一的"酒店运营财务基础"课程将视角定位在酒店一线员工，教学遵循酒店实际运营的脉络，以理论教学与实操教学相互衔接的方式讲授酒店实际运营中的物资流向及其财务控制方式。酒店业务基本标准与流程的熟悉，可以为大二上学期的酒店基础岗位业务实习做好准备。基础岗位实习后，学生能够对酒店业务有直观的认知——教学将定位在酒店初级管理者视角，以使学生明确酒店各种业务如何反映在财务数据中，明确财务报表中各项数据的业务来源。在此基础上，大二下学期开设"财务管理Ⅰ 财务报表"课程，介绍酒店内部财务管理使用的符合行业经营特点的财务报表结构及相关要素。大三的教学设计定位在餐饮总监、房务总监等酒店中高级管理者视角。大三上学期开设"财务管理Ⅱ 财务分析"课程，介绍各种财务分析方法及酒店预算管控方法，匹配大三下学期的酒店管理岗位实习，以达到使学生发现财务数据背后的运营问题的教学目的。财务管理知识体系由经营管理、投资管理及融资管理三部分组成，大一到大三的教学设计更关注经营管理理论及实践的教学，大四则主要针对部分致力于酒店投融资方向发展的学生，开设"酒店投融资与回报""酒店资产管理""酒店内部控制与审计"等高阶课程，从酒店业主（投资者）角度思考问题。

（二）搭建校内与校外实践平台，鼓励跨专业、跨部门实习

酒店企业实践是酒店管理专业学生将理论应用于实践的重要方式。中瑞通过校内基地教学酒店实操课程、与国际品牌高星级酒店合作开展业务实践及管理实践，使学生能够深入地了解酒店业务，从而为财务分析奠定基础。在传统观念中，财务管理类课程的后续实践应当在财务部进行。然而，在业财融合环境中，酒店财务管理需要各部门的沟通与交流，财务管理者需要了解各业务部门的财务情况，明确酒店的财务政策和财务流程。对于酒店管理专业的学生，单纯的财务数据处理不能帮助

其建立管理意识，也不能帮助其发展通过财务数据分析业务问题的能力。因此，中瑞通过教学酒店跨部门实操、拓宽酒店企业实践平台，丰富实习岗位，并鼓励学生了解整个酒店的业务流程，理解业务在财务数据中的具体反映。这样可以帮助学生在今后的工作中，从财务视角思考业务问题，从业务视角思考财务问题，具备专业的财务素养。

"酒店运营财务基础"作为酒店管理专业基础课程，带领学生进行酒店采购、货物验收、存货出入库、盘点、核算加工间成本、收银等环节的流程及实际操作学习，使学生清楚了解酒店实际运营中财务部门与各运营部门之间的业务衔接，以及财务报表的形成过程，从而达到认知业务的目的。其授课流程如图2所示，其中PICC为酒店成本管理系统。

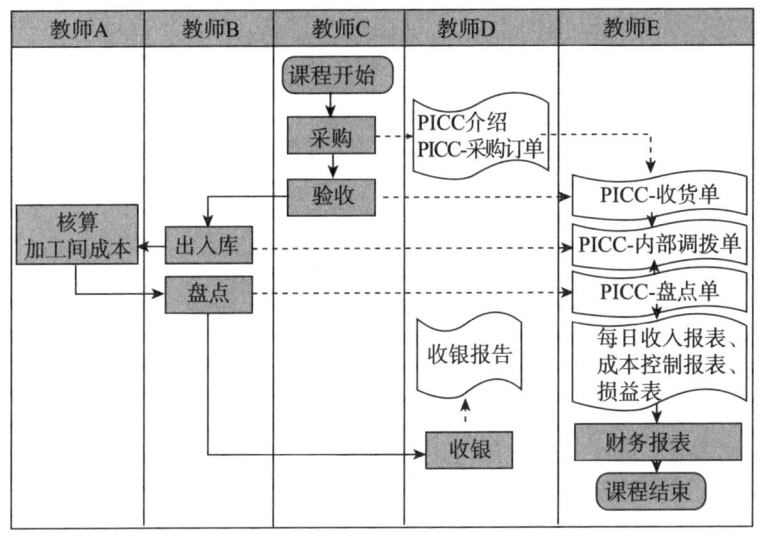

图2　"酒店运营财务基础"课程授课流程

（三）拓展课程资源，合理设计酒店财务管理教学

针对应用型酒店管理专业的财务管理类课程，其教学内容应当以酒店营运资金管理为主，兼顾酒店投资、融资、资金分配。在进行财务管理课程设计时，将业财融合的思维进行全方位的嵌入，让学生置于三个维度看问题——业务管理维度、财务管理维度和企业管理维度，构建"三维合一"的思考模式。中瑞作为应用型本科院校，其特色专业酒店管理的教学目标注重酒店企业运营管理人才的培养。在酒店管理专业的财务

管理类课程设计中，将学生置于酒店一线员工到高级管理者的不同视角，重点讲解酒店客房及餐饮两大收益中心的收入及成本管控、现金管理、应收账款管理、存货管理及酒店预算控制，课程结束后学生将能够运用恰当的财务分析方法对酒店内部财务报表进行分析，完成酒店各部门经营预算及财务预算的编制。基于业财融合的财务管理类课程内容整合途径如图3所示。

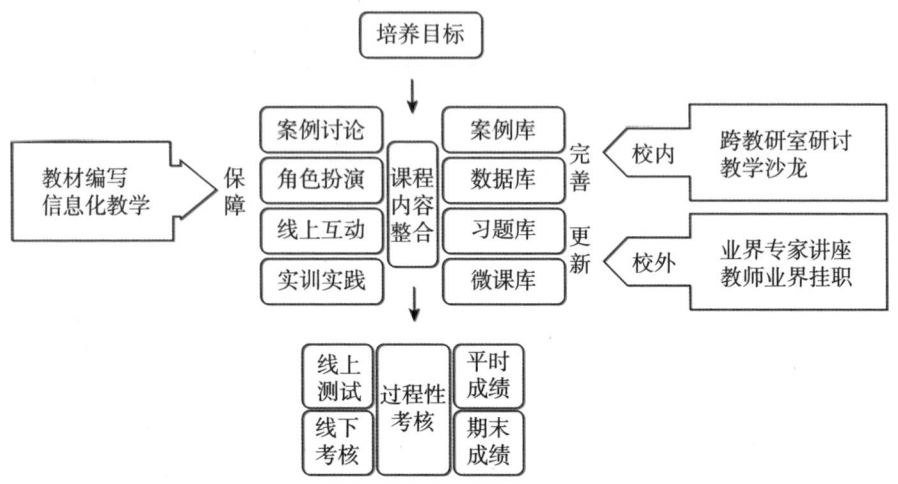

图3　基于业财融合的财务管理类课程内容整合途径

1. 编写与教学目标相匹配的教材

目前，结合酒店实际运营状况进行分析研究的酒店财务管理教材较为稀缺。中瑞的"酒店运营财务基础""财务管理Ⅰ　财务报表"及"财务管理Ⅱ　财务分析"课程教材专门针对高等院校酒店管理专业，以四星级、五星级国际品牌豪华型全服务式酒店为研究对象，力求紧跟酒店财务管理发展形势，符合应用型本科学生学习特点，体现酒店管理专业课程改革方向。该系列教材将财务管理原理知识与酒店实际业务相结合，将酒店管理专业学生必须具备的基础知识与技能进行合理整合，为教学提供了有力保障。

2. 打造业财融合的教学团队，建立动态更新的课程资源库

中瑞的财务管理类课程教学始终采取理论与业界相结合的课程组集体备课制度。A角教师（负责人）带领B角教师形成教学团队，团队中既有财务管理专业理论教师，又有具备多年酒店财务管理经验的业界教

师，以保证教学内容理论的严谨性与业界实践的应用性。无论是专业理论教师还是业界教师，均需要保持与业界的持续沟通（如跨教研室研讨沙龙、定期挂职锻炼、定期酒店拜访、参加业界论坛等）；同时，中瑞经常聘请校外理论专家及业界专家入校举办讲座或担任兼职教授。校内与校外相结合、理论与业界相结合的师资队伍建设，不仅可以保证教学团队水平的不断提高，而且可以在一次次的研讨、实践和学习中建立习题库、酒店经营案例库、酒店实际运营数据库及知识点微课库，并不断更新。

3. 利用信息化平台，丰富教学手段

信息技术手段有助于更好地完成财务管理课程的教学。中瑞利用课堂派等网络教学平台，建立了线上线下相结合的授课及考核方式。线上授课前，教师将教学资料发布在相应的线上模块中，布置任务作业，引导学生进行课前预习、思考及研讨。线下授课时，教师重点关注学生反馈的难点、疑点，同时运用平台提供的各项互动功能完成教学互动。

二、结语

职业教育是国民教育体系和人力资源开发的重要组成部分，应用型本科院校开展职业本科教育是我国一体化设计职业教育人才培养体系的重要措施。中瑞作为应用型本科院校，不断尝试将业财融合的思想运用在酒店管理专业财务类课程体系的构建中，建立了"岗位视角线""财务管理理论线""酒店业务实践线"三线结合的财务管理类课程体系，以及校内与校外相结合的跨专业、跨部门实践平台，并不断探索基于业财融合的财务管理类课程内容整合途径，为应用型人才培养贡献力量。

参考文献

[1] 欧阳丽华.基于业财融合视角下财务管理综合决策实训课程教学改革探讨[J].财会学习，2018（33）：218-219.

[2] 赵振宽.就业导向下的非财会专业财务管理课程教学改革：以应用型酒店管理专业为例[J].产业与科技论坛，2016，15（3）：183-185.

[3] 沈薇."业财融合"视角下财务管理课程教学改革的研究[J].科技风，2021（23）：36-38.

Excel 建模在酒店财务课程中的应用研究
——以"酒店投融资与回报"课程为例[①]

滕丽丹[②]　许珊珊[③]

摘　要: 酒店财务课程作为酒店管理专业的必修课程,具有综合性、实践性等特点。将财务课程所学的理论知识通过 Excel 财务模型搭建加以应用,这能够使学生在掌握和理解概念、方法的基础上,学会建立及应用 Excel 模型,并通过模型分析动态结果,进而为酒店管理及决策提供支持和依据,这也将提升学生的学习兴趣。本文以中瑞酒店管理学院财务课程为例,阐述 Excel 建模在酒店财务课程中的应用与设计,为酒店财务课程教学提供新的思路。

关键词: Excel 建模　酒店财务课程　教学研究

财务课程教学涉及大量的计算分析,如何引导学生透过数据看本质,将数据转化为信息,给企业决策提供依据和支撑,是目前财务课程教学需要思考和解决的问题。学者吴小云在《Excel 在财务管理课程中的应用分析》一文中提出,充分利用 Excel 这一教学载体,它可以更好地提升学生的实际应用能力,易于学生了解和学习财务管理理论、增强学生的财务管理操作能力。同时,财务课程通常涉及大量手工计算,它不仅耗费时间,而且面临不同因素变化时需要重复进行后才能加以分析决策。因此,从财务课程现状出发,吸收借鉴相关成功教学经验,有针对性地将 Excel 建模引入中瑞酒店管理学院财务课程。

[①] 收稿日期:2022 年 11 月。
[②] 滕丽丹,中瑞酒店管理学院副教授,会计学硕士。主要研究方向:酒店财务管理。
[③] 许珊珊,中瑞酒店管理学院副教授,产业经济学硕士。主要研究方向:酒店财务管理。

一、Excel 建模在酒店财务课程中应用的必要性

酒店每天会随着运营产生大量数据资源，深入挖掘这些数据背后隐藏的信息是酒店管理者需要具备的技能。本文结合中瑞酒店管理学院校内科研项目"Excel 建模在酒店财务课程中的应用"，探讨如何将财务管理案例、财务管理知识点与 Excel 工具建模应用融为一体，以引导学生学以致用，将知识转化为解决实际问题的能力。掌握并熟练运用 Excel 财务建模工具是学生的一项有力技能。

中瑞酒店管理学院一贯秉承学以致用的教学理念，它会充分考虑教学内容是否符合酒店业实际需求。校内科研项目组就 Excel 财务建模在酒店业中的实际应用情况咨询了业内人士，获悉酒店业实际投资及运营过程中会使用 Excel 模型，酒店会利用 Excel 建模完成敏感性分析，其中广泛使用的三个决策指标是静态投资回收期、投资净现值、内部收益率。

由此可见，无论是从培养学生掌握财务专业知识技能的角度出发，还是从酒店业界实际操作需求的层面出发，Excel 建模在酒店财务课程中的引入是十分必要的。

二、Excel 建模在酒店财务课程中的应用情况

中瑞酒店管理学院利用 Excel 完成"财务管理""酒店投融资与回报"等涉及的时间价值测算、投资决策评价、本量利、敏感分析等财务模型的建立，力图使学生通过上述模型的运用高效地掌握相关财务分析及投融资决策等工具的运用，以减轻学生对数学计算的恐惧感和抵触感，提高课堂教学效率和授课质量，使学生通过模型的运用顺利完成烦琐、复杂的财务管理工作，使财务工作简化并具有易操作性特点。Excel 建模以工作过程为导向，将财务课程的理论教学内容和实际技能训练有机融合，发挥学生对现代信息工具操作能力强的优势，提高学生的学习兴趣，调动学生的学习主动性，提升学生的实际应用能力。

具体而言，财务课程中 Excel 建模的应用，主要涉及文献查阅及收集、模型搭建及测试、课程应用与改进等环节。

（一）文献查阅及收集

查阅、收集文献是 Excel 建模引入的基础性、前提性工作。高效实用的模型需要有充足、翔实的素材支撑；文献的收集及整理是搭建模型的前提和基础。图 1 所示为部分查阅收集的 Excel 在财务课程中的应用文献列表。

图 1　部分 Excel 应用文献

（二）模型搭建及测试

教学人员通过查阅收集文献素材，掌握丰富的资料，并对这些资料进行深入分析，去伪存真、去粗取精，使其达到财务课程优化的需要。利用这些素材搭建完成如图 2 所示的一些财务模型雏形，包括货币时间价值模型、本量利模型、敏感性分析模型、投资决策模型、因素分析模型等。

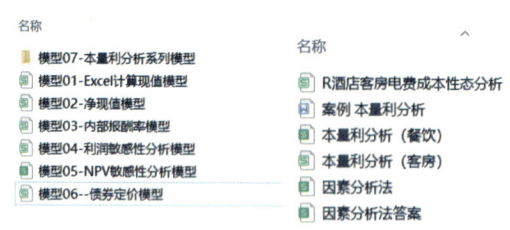

图 2　部分财务模型雏形

(三)课程应用与改进

目前,Excel建模设计已应用于中瑞酒店管理学院的"财务管理Ⅰ 财务报表""财务管理Ⅱ 财务分析""酒店投融资与回报"等财务课程相关章节教学的课件、教案、课堂讲义中。通过上述课程应用,学生可以运用Excel完成相应内容的财务分析模型,高效地进行财务分析及决策。以"酒店投融资与回报"课程中的敏感性分析为例,呈现目前的教学设计情况。该课程涉及许多计算,学生需要掌握净现值、投资回收期等确定性分析评价指标,同时学会做盈亏平衡分析、敏感性分析等不确定性分析,提升拟投资酒店项目的抗风险能力。下面以利润敏感性分析模型和净现值敏感性分析模型为例,呈现教学设计情况。

1. 利润敏感性分析模型

表1呈现如何在利润敏感性分析中引入Excel财务模型。传统手工计算方式会占用大量课堂时间,学生对手工计算也会感到厌烦,而利润敏感性分析模型的引入,可以使利润变动情况一目了然,这可以很好地帮助学生充分理解利润敏感性分析的核心本质。

表1 在利润敏感性分析中引入Excel财务模型

教学内容	设计意图
R酒店饼房加工出售法式小面包,单价10元,标准成本3元/个。固定成本总额40 000元,当前产销量100个。请回答以下问题: 1. 请帮助R酒店计算面包的当前利润 2. 请分析各因素对利润的影响,确定各因素的敏感系数 检查方式:随机抽查	综合运用本量利分析,结合敏感性分析步骤完成课堂练习,帮助学生突破重难点——敏感性分析的步骤掌握及敏感系数测算 演示利润敏感性分析模型,使学生直观、高效掌握单因素敏感性分析的实务操作 针对学生疑问内容进行解答

2. 净现值敏感性分析模型

表2呈现了如何在净现值敏感性分析中引入Excel财务模型。

表2　在净现值敏感性分析中引入 Excel 财务模型

教学内容	设计意图
B 酒店集团的投资方案用于不确定性分析的现金流量及相关参数如下所示，其中数据是通过对未来最可能出现的情况预测估算得到的 投资额：1 500 万元 年收入：320 万元 年支出：20 万元 残值：20 万元 计算期：10 年 由于影响经济环境的某些因素的不确定性，预计投资额、年收入、年支出参数的最大变化范围为 -20%～+20%。基准折现率为 10% 要求： 请完成 B 酒店集团的净现值单因素敏感性分析 检查方式：课堂派， 拍照上传计算过程及结果，同时在课堂上抽查提问	演示净现值敏感性分析模型，使学生直观、高效地掌握净现值敏感性分析的实务操作 通过案例的实战演练，检测学生综合运用投资决策评价方法及敏感性分析的情况，评估学生对此次课程重难点的掌握情况，巩固之前课程重点内容，提升学生综合分析能力

未引入净现值敏感性分析模型前，学生需要手工反复测算不同投资额、年收入等要素发生改变时的净现值。通过引入表3所示的净现值敏感性分析模型，上述各因素发生改变时，只需要在搭建好的模型中做对应因素的输入值替换。例如，年销售收入由250万元下降到165万元时，在"年销售收入"的数值处进行替换，结果如表4所示，Excel模型在数值输入后自动完成相应测算，学生可以据此完成实时动态决策。

表3　净现值敏感性分析模型（一）

基本数据			单因素变动对净现值的影响		
项目	数值	变动率	投资额变动	年经营成本变动	年销售收入变动
投资额	300.00	-20%	396.80	197.60	316.00
年经营成本	100.00	-15%	421.60	209.95	335.75
年销售收入	250.00	-10%	446.40	222.30	355.50
年净收益	150.00	-5%	471.20	234.65	375.25
残值	10.00	0%	496.00	247.00	395.00
项目寿命期	5.00	5%	520.80	259.35	414.75

续 表

基本数据		单因素变动对净现值的影响			
基准折现率	6%	10%	545.60	271.70	434.50
		15%	570.40	284.05	454.25
净现值	¥339.33	20%	595.20	296.40	474.00

表4 净现值敏感性分析模型（二）

基本数据		单因素变动对净现值的影响			
项目	数值	变动率	投资额变动	年经营成本变动	年销售收入变动
投资额	300.00	−20%	396.80	197.60	316.00
年经营成本	100.00	−15%	421.60	209.95	335.75
年销售收入	165.00	−10%	446.40	222.30	355.50
年净收益	65.00	−5%	471.20	234.65	375.25
残值	10.00	0%	496.00	247.00	395.00
项目寿命期	5.00	5%	520.80	259.35	414.75
基准折现率	6%	10%	545.60	271.70	434.50
		15%	570.40	284.05	454.25
净现值	¥−18.72	20%	595.20	296.40	474.00

上述相关数据可以通过图3和图4呈现，使学生直观感受敏感性分析的核心实质。

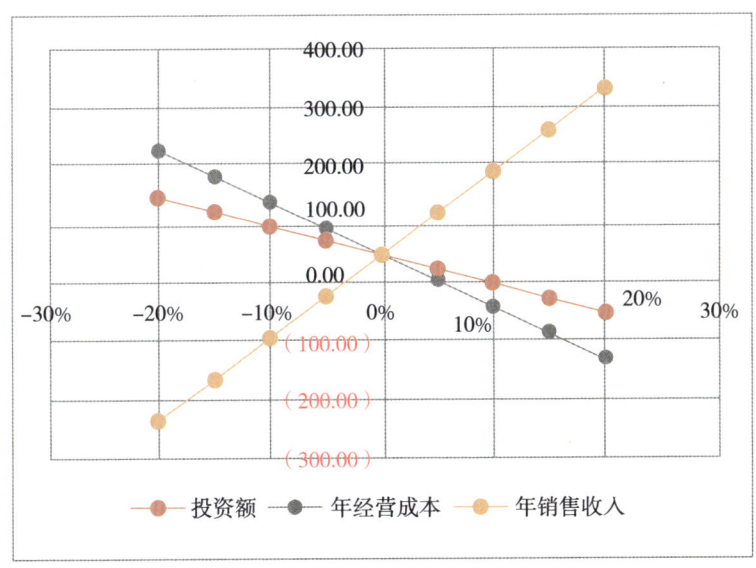

图3 敏感性分析图（一）

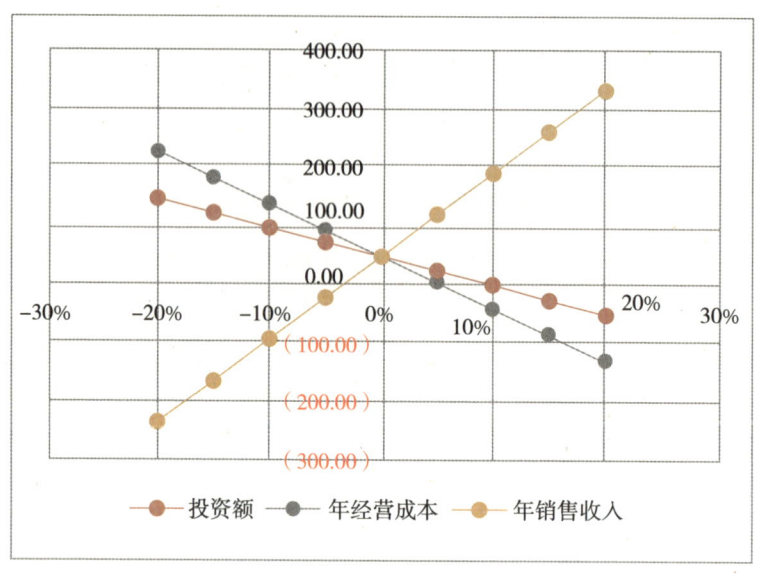

图 4 敏感性分析图（二）

三、结语

财务课程中 Excel 模型的引入可以在激发学生学习兴趣的同时提升学生的学习效率，但目前实践中仍有许多需要注意和提前规划设计之处。目前，中瑞酒店管理学院在此方面仅解决了从无到有的问题，对于项目成果系统化、全方位的设计应用，需要进一步向有成功实施经验的院校借鉴。由于大四相关课程以录播等线上教学形式为主，考虑到教学效果及学生接受程度，个别模型尝试了简单的应用及拓展，教师及学生需要在相关课程广泛应用后提出反馈意见。

致谢

Excel 建模项目的文献资料、模型搭建，以及各相关课程课件、教案设计等，均经过财务及投融资教研室全体教师的多次集体讨论，在此表示衷心感谢！同时感谢华美顾问集团吴耸峰先生给予的指导和帮助！

参考文献

[1] 吴小云.Excel 在财务管理课程中的应用分析[J].科学导刊（下旬），2019（3）：44-45，83.

[2] 孙晓阳，孙红霞，杨秀罗，等.翻转课堂结合案例教学在财务建模方法与技术课程中的应用[J].现代商贸工业，2020，41（7）：149-150.

[3] 唐利明.Excel 在财务中的应用课程实训教学浅析[J].现代职业教育，2019（32）：194-195.

[4] 王琳.基于 EXCEL 函数应用的高职财务管理课程改革[J].现代商贸工业，2019，40（29）：98.

应用型本科"战略管理"课程教学及设计研究[①]

郑艳军[②]　路彤[③]　于涛[④]

摘　要：战略管理是管理学专业教学的难点之一。中瑞酒店管理学院"战略管理"课程从教师、学生的工作入手，结合课程考核体系，将教学目标融入课程的关键知识点，形成了"战略管理"课程的教学设计，并通过理论讲授、案例分析、汇报解读组织教学，以达到培养学生认知能力、批判性思维、创新能力的教学目的。

关键词：应用型本科　战略管理　中瑞酒店管理学院

"战略管理"课程具备系统性、综合性和实践性的特点，其教学目标是使学生可以在具体的战略环境下，分析企业所处的内外部环境，制定适合企业的发展战略，并在实践过程中及时调整。在教学过程中，学生需要了解战略管理的原理、流程，掌握战略分析、制定、实施的工具和方法，既要培养战略思维和分析能力，又要注重战略实践技能。本文以中瑞酒店管理学院的"战略管理"课程准备过程为例，展现从教师和学生两个方面出发进行的教学设计。

一、教师的工作

（一）准备工作内容

第一，授课教师要明确"战略管理"课程的教学目标和核心导向（即培养学生战略思维，提升学生战略管理能力）。课程开始前，授课教师应明确课程的知识框架，同时需要明确案例分析的基调。

[①] 收稿日期：2020年12月10日。修订日期：2020年12月26日。
[②] 郑艳军，中瑞酒店管理学院讲师，管理学硕士。主要研究方向：统计学，信息系统工具。
[③] 路彤，中瑞酒店管理学院教授。主要研究方向：酒店管理。
[④] 于涛，中瑞酒店管理学院副教授。主要研究方向：酒店管理。

第二,中瑞酒店管理学院"战略管理"课程组的教师围绕课程的教学目标,将关键的知识点梳理出来,并根据课程知识点构成,准备了 86 个案例、43 个视频和 11 个延伸读物。关键知识点准备情况如表 1 所示。

表 1 关键知识点准备情况

知识点	内容	案例	视频	延伸读物
战略管理概述	战略管理的内涵、流程	7	2	1
确定企业方向	愿景、使命、价值观	5	5	1
外部环境分析(PESTEL)	政治、经济、社会文化、技术、环境法律	9	3	2
外部环境分析(波特五力)	供应商的讨价还价能力、购买者的讨价还价能力、潜在竞争者进入的能力、替代品的替代能力、行业内竞争者现在的竞争能力	4	2	1
评估公司资源、能力和竞争力(一)	公司资源、能力、核心竞争力	5	4	1
评估公司资源、能力和竞争力(二)	价值链、竞争态势评估、行业吸引力	5	2	1
一般竞争战略(一)	低成本、差异化战略	8	3	1
一般竞争战略(二)	聚焦、最优成本战略	7	4	0
强化公司的竞争地位	攻守时机、调整公司经营范围	8	4	2
多元化与多业务公司	相关多元化、非相关多元化	6	6	1
国际市场竞争战略	钻石模型、国际化战略选择	5	3	0
商业伦理与可持续发展	商业伦理、企业可持续发展	8	2	0
企业战略的实施	构建组织、管理内部运营、企业文化和领导力	9	3	0

第三,课程组的教师花费了大量的时间整理和筛选国内外经典的企业名录,供学生选择和参考。案例分析企业的选取标准:企业的发展趋

势可以结合课程的知识点和框架进行分析；企业相对成熟，具备较完善的成长体系；允许学生实地参观和调研。

第四，课程组的教师用心挑选相关的参考书目，结合中瑞酒店管理学院的办学理念，与酒店、旅游、泛服务行业深度结合，推荐给学生作为课程学习之外的补充，拓展学生的战略视角。酒店业界集团的实际战略管理的历程内容，不仅可以提升学生的战略思维能力，拓展其知识广度，而且可以丰富学生的课外阅读，达到举一反三的效果。

（二）相关注意事项

第一，让学生深刻理解课程的学习意义，从思维层面接受课程，从而产生学习动力。教师从一开始就应将课程知识框架清晰地展现出来，深入浅出地让学生理解相关的概念、知识点和理论，帮助学生建立战略管理知识体系，并在以学生为中心的学习过程中进行有效指导。

第二，针对不同的课程知识点和模块，采用不同的教学方式。理论知识传授以教师为中心开展，可以采用传统的教学方式；其他的教学内容，如案例分析、小组汇报等，应以学生为中心进行组织和开展。不管采用什么样的教学方式，教师都应及时发现并解决问题，协助学生有效地进行课程学习。

第三，教师需要密切关注学生的学习进程，并根据学生的课堂汇报、案例分析等及时给予反馈和建议。教师中肯的评价对学生的学习动力、学习过程和学习成果是一种很好的肯定，会成为学生进一步提升的动力。

二、学生的工作

（一）课程初始阶段

第一，学生要充分了解"战略管理"课程的教学目标，知晓课程的考核方式，在这些基础之上，树立自主学习的意识，端正学习态度，围绕教学方式的设计，做好课程学习的心理准备。

第二，学生要结合教师指定的知识框架进行预习，结合网络资源拓宽知识面，在自学的过程中找到疑问或者不理解的地方，在课堂上与教师、同学一起讨论。

（二）课程进行阶段

第一，"战略管理"课程是以小组活动的形式开展的，5～7人为一个小组。各小组在案例分析、课堂汇报的环节要积极地结合具体企业的战略管理知识点搜集资料，进行深入分析。小组成员要分工明确，在课堂上分享成果，以获得优异的成绩。

第二，在课堂上，学生要紧跟教学活动，培养并锻炼自身的创新能力，培养战略思维方式；同时要辩证地看待他人的发言，学习他人的长处；要充分利用时间进行高效讨论，以取得更好的成果。

第三，在结课汇报阶段，学生要认真做好所研究企业的相关调研工作，搜集数据和资料，清晰展现，认真做好最终的课堂汇报。

三、课程考核体系

"战略管理"课程着重培养学生的战略分析、战略构建、战略实施能力，学生对战略管理的流程、理论、思维方式的掌握情况都会在其最终的结课报告中有所展现。因此，中瑞酒店管理学院的"战略管理"课程采用了过程性评价、期末报告等重要的考核方式，不仅注重学生在学习过程中的概念理解、案例分析、课堂汇报，而且强调整个战略管理流程的完善和课程学习过程中的能力培养。其考核体系中的分数构成如表2所示。

表2 "战略管理"课程考核体系中的分数构成

成绩构成内容	分值	评价标准
平时考勤	10	缺勤一次扣1分，扣完为止
小组分享	20	结合知识点，课堂汇报所选企业的战略
课堂表现	10	课堂派（教学平台）互动，课程中主动回答问题
测验	10	课堂派测试，考核知识点的理解
企业调查课堂汇报	25	用PPT汇报。考核企业调查角度的全面性，要求人人参与、轮流发言、表达流畅、知识点与企业战略管理流程有效结合

续 表

成绩构成内容	分值	评价标准
企业调查纸质报告	25	纸质报告形式。考核内容充实度、全员参与性、报告内容质量、知识点与企业战略分析的有效结合度

从表2可以看出,"战略管理"课程的考核体系是多元化的,结合此评分标准,师生在教学过程中需要做好以下四个方面的工作。

第一,深入解读课程教学目标,了解课程框架和相关知识点,树立大局认知。教师需要讲授清楚课程的教学目标、教学意义及学生通过课程需要培养的能力;强调过程性评价,课堂表现很重要。

第二,成立小组。教师可以进行调研企业的名录推荐,尊重学生意见,让学生自行选择所要调研的企业(不局限于酒店企业)。教师应根据课程特点和过程考核,帮助学生有效筛选企业名录,组织学生选择最终调研企业,并做好记录;在授课过程中,结合教学知识点,组织学生围绕所选企业进行知识点的解读、案例分析、课堂汇报、期末报告等教学环节。

第三,开展课堂汇报。学生结合所选企业和相关课程知识点,参与课堂汇报;教师主持课堂分享。在此过程中,教师需要注意进行引导和积极反馈,让学生的展示和分享围绕课程的知识框架进行,并提出针对性的问题,让学生讨论作答。各小组成员轮流进行阶段性的分享和讨论反馈。

第四,教师评价反馈。学期末各小组需要出具研究报告,解读和汇报具体某个企业的战略分析、战略构建、战略实施;教师要结合评分标准进行反馈和评价。报告要求如下:一是分析全面,围绕整个学期的知识框架和结构进行;二是每一名小组成员都要参与汇报,汇报方式可多样,分工情况要结合知识点在报告中进行标注;三是寻找企业最新资料,并以数据方式进行展现。教师在学生研究过程中应给予必要的指导和帮助,为学生提供报告分析的研究路径,必要时可以搭建校企合作的平台。

四、总结

中瑞酒店管理学院"战略管理"课程的设计是为了培养应用型人才，让学生具备战略管理思维和能力，能适应各种环境的变化，为企业制定适宜的战略，并合理贯彻实施。在整个课程的教学进程中，课程组的教师坚持以学生为中心的教学理念和方法，设置了合理的课程评价体系，使学生的自我管理能力和战略思维得到了提升。良好的课堂效果需要学生和教师双方配合，让学生主动学习到战略管理的精髓，有效提升战略思维能力，为将来的工作和事业做好准备。

参考文献

[1] 罗茜. 双创背景下战略管理课程案例教学的思考[J]. 科学咨询（教育科研），2020（11）：10-11.

[2] 虞玉洁. 高校"战略管理"课程现状及尝试性改进的思考[J]. 林区教学，2020（5）：35-38.

"高端物业法律风险"课程教学设计与实践[①]

孙浩[②]

摘　要：高端物业服务业伴随房地产行业的发展而成熟，正逐渐成为现代服务业管理的重要构成部分，成为高品质泛服务业的典型代表。"高端物业法律风险"作为物业管理专业的核心课程之一，在中瑞酒店管理学院的新专业、课程体系及人才培养方案的搭建中，扮演着先锋的角色。本文先进行了"高端物业法律风险"课程结构梳理与优化设计，然后就课程的教学内容进行优化设计，最后总结了课程教学实践效果。希望本课程的实际教学设计与实践，延展和推进中瑞酒店管理学院高端泛服务业人才培养的广度和深度，为服务业管理人才的提供、毕业生就业出口的拓宽做出积极的贡献。

关键词：教学实践　人才培养　物业管理

中瑞酒店管理学院（以下简称"中瑞"）成立以来，为我国酒店业、旅游业乃至服务业贡献了一批又一批的高质量本科管理人才。我国"十四五"规划和2035年远景目标纲要提出以来，职业本科教育的办学定位、发展方向、培养目标、培养方式等得到明确，这指引着中瑞突出自身教育特色，坚持并贯彻"稳步发展职业本科教育"的理念。在这样的背景下，中瑞筹划开设物业管理新专业，以突破原有教学创新中的瓶颈，主动发掘现代服务业发展及社会变革下的人才需求，向教学提出更深入、更广阔、更高层次的要求，并以"知行合一，学以致用"的校训，科学指导物业管理新课程建设，论证学院5H教育理念的生命力。

[①]　收稿日期：2022年11月。
[②]　孙浩，中瑞酒店管理学院讲师，本科学历。主要研究方向：民宿，法律风险。

2021—2022学年第二学期，2018级酒店管理专业开设的"高端物业法律风险"课程已结束，反观6周教学的情况，课程整体设计和实践结果如下。

一、"高端物业法律风险"课程结构的梳理与优化设计

根据酒店管理专业人才培养方案，"酒店法律风险管理"课程将酒店的侵权、违法、违约等案例分门别类，总结了常见的风险表现形式。参考和借鉴此门课程的知识体系和教学逻辑，本学期的"高端物业法律风险"课程，除介绍相关核心概念、基本知识、风险属性、特征及分类等内容外，还对法科课程的结构进行了重塑。

（一）物业公司在业主人身、财产、隐私等方面的安全保障义务

根据《中华人民共和国民法典》中有关违反安全保障义务的侵权责任的相关规定，"宾馆、商场、银行、车站、机场、体育场馆、娱乐场所等经营场所、公共场所的经营者、管理者或者群众性活动的组织者，未尽到安全保障义务，造成他人损害的，应当承担侵权责任。因第三人的行为造成他人损害的，由第三人承担侵权责任；经营者、管理者或者组织者未尽到安全保障义务的，承担相应的补充责任。经营者、管理者或者组织者承担补充责任后，可以向第三人追偿"。物业公司依法或依约在管理区域内负有安全防范义务，应协助做好安全事故、隐患的防范、制止或救助工作。在物业服务与管理工作中，保障业主人身安全永远是第一位的，其中包括消防、治安等物业服务中的重点防范领域。

因此，在物业服务与管理的安保、消防、接待等工作中，需要保障业主的人身权、健康权、生命权、财产权、隐私权不受侵害。发生人身伤害、财产损失事件时，根据当事人的过错推定责任。由于物业服务与管理人员的主观过错及过失行为，业主人身安全权益受损，提供物业服务与管理的责任主体承担过错侵权责任。

（二）物业公司在业主饲养、管理宠物方面的法律责任

近些年，饲养宠物导致的纠纷频发。在各类侵权行为中，"饲养宠物致人损害"是特殊形式的间接侵权引发的直接责任，加害行为是人和动物的行为的复合。宠物的所有、饲养或者管理是人的行为，而宠物的行

为是直接加害行为。两种行为的结合，即业主饲养动物、动物加害的行为，造成他人损害事实，加害行为与损害之间有因果关系。对于动物饲养造成他人损害的行为，动物饲养人或者管理人应当承担侵权责任；若损害是被侵权人故意或者重大过失造成的，动物饲养人或者管理人可不承担责任或者减轻责任。物业服务与管理涉及宠物的饲养，物业服务与管理人员应明示业主宠物管理的法律规范、禁止性规定，以防宠物饲养、未采取必要的安全措施、第三人过错等导致的损害发生。

（三）物业公司在建筑物及物件损害方面的法律责任

近些年，高空坠物导致的人身、财产损害案例多有发生。教师列举典型案例、分析现有法律文书，这有助于学生内化建筑物及物件损害责任认定的内在法律逻辑。对于建筑物、构筑物或其设施致使他人损害的行为，建设单位和施工单位承担连带责任。据有关法律规定，业主、物业公司、物业租赁使用者导致的建筑物、构筑物或设施倒塌、塌陷并造成他人损害的，应承担侵权法律责任。

物业建筑外立面的广告牌、瓷砖、公共花盆等因恶劣天气坠落的，除非业主、物业公司、物业租赁使用者能够证明自身没有过错，否则承担适当侵权责任。现代都市高楼林立，许多商业大厦、写字楼、住宅楼"高耸入云"，高空抛掷物、坠落物导致的人身、财产损害，法律规定侵权人依法承担法律责任，若经公安等机关调查难以确定具体责任人的，除能证明自身不是侵权人外，全部可能加害的使用者承担赔偿责任。

物业公司等责任主体需要采取必要的安全保障措施，依法承担未履行安全保障义务的法律责任。高空抛物不仅违反公序良俗的道德准则，而且容易造成人身及财物的损害。

（四）物业服务合同的管理

物业合同常采用书面形式。教师应向学生介绍物业服务合同范本，引导学生研读物业公司及业主双方的权利和义务。物业服务合同，是物业公司在实际服务区域内，约定为物业产权人提供建筑物及其附属设施的维修养护、环境卫生和相关秩序的管理维护等服务，并依法收取物业服务费的合同。

物业公司需要按照约定和物业的使用性质（住宅物业、商业物业等），妥善维修、养护、清洁、绿化和经营管理区域内的物业产权人的共有部分，维护区域内基本秩序，采取合理的措施保护人身、财产、隐私安全。对于服务区域的违反治安、环保、消防等法律法规的行为，物业公司应及时采取合理措施制止、向有关部门报告并协助处理。

业主应当按照约定向物业公司支付合理费用，对于物业公司已按照约定提供服务的，业主不得以未接受或无须接受相关物业服务为由，拒绝支付物业费。若业主违反约定逾期不支付服务费，物业公司可催告其在合理的期限内支付，合理期限届满仍不支付的，物业公司可提起诉讼或申请仲裁，但不得通过停止供水、供电、供热、供燃气等方式催收物业费。

（五）物业公司在林木致害方面的法律责任

林木折断、倾倒或果实坠落等造成损害，所有人或管理者不能自证没有过错的，应承担侵权责任。这里的"林木"包括属地内所有公共区域树木、花卉等。若强风将因虫害而枯死的树木刮倒，并砸伤行人或剐蹭停放的车辆，所有人或管理者没有尽到管理、维护义务的，承担适度的侵权责任。另外，他人驾驶机动车辆撞倒树木，倾倒的树木造成他人损害，所有人或者管理人不能证明自己而采取合理措施的，仍要承担适度的侵权责任。

二、"高端物业法律风险"课程教学内容的优化设计

（一）物业服务合同的内容与重点

谨慎签订物业服务合同，这是规避物业管理中的法律风险的有力保障。物业公司签订合同时，应本着权利和义务对等的原则，在明确管理区域内日常事务权利的同时，明确物业公司和业主所承担的义务和责任，以及物业公司的免责范围及侵权责任。其中，违约责任的约定要具有实用性、操作性和度量性的特点。在物业服务合同中，物业公司服务的内容、范围和期限约定不明，这会造成许多不必要的误解；过度承诺、盲目提高服务标准，超过自身能力，不关注自身利益的保护，这会为日后服务留下纠纷和诉讼的隐患。

（二）物业管理及服务标准

在日常服务与管理中，物业公司应尽可能考虑物业服务内容及项目中的不安全因素，及时整改；不能及时整改的，须向业主或其他相关方（包括内部员工）明示。在与开发商签订的前期物业服务合同和与业主委员会签订的物业服务合同中，以及在物业公司内部各项服务作业流程、安全操作规程中，应明确禁止性规定、客观危险隐患、安全提示内容等。例如，在人员流动较大的地方，张贴"防火防盗"的警示语；在未设专人看守的车辆停放处，设置"车辆停放无人看守，请妥善保管车辆财物"提示牌；在游泳池旁，放置"请照管好小孩，禁止进入深水区"标示；在物业公共道路修缮期间，树立"道路施工，谨慎通行"警示牌；在花园绿植醒目处，设立"请在遛狗时系好狗绳，管理好宠物粪便"提示牌；在垃圾桶旁，设立"厨余生活垃圾，请您分类投放"标识等。

（三）经济风险防范

"高端物业法律风险"课程需要学生选择适当的风险转移手段。

1. 公众责任险

物业公司需要购买针对客户、商户、业主等公众人群的公众责任险。公众活动场所的过错行为导致人身或财产损害的，依法由侵权主体承担对受害人的经济赔偿责任。物业服务与管理场所，如工厂、办公楼、学校、医院、商店、展览馆、动物园、宾馆、影剧院、运动场所、工程建设工地等，存在着公众责任事故风险。这些场所的所有者、经营管理者等均需要投保公众责任险。物业公司投保公众责任险中的场所责任险，转移外部因素导致的各类人身及财产损失带来的经济风险。

2. 物业管理责任险

物业公司向保险公司投保物业管理责任险，保险公司承担物业公司管理疏忽造成的第三方人身及财产损害的经济赔偿责任。不难看出，投保是转移物业公司在经营过程中过失责任风险的一项有效经济手段，法律责任不能免除，但经济损失可以转移。物业公司可依据自身的风险特点，选择购买不同类型的保险，有效转移内部、外部因素导致的员工、业主人身及财产损害的经济风险。

三、"高端物业法律风险"课程的教学实践效果

(一) 实现课程开设的目标

"高端物业法律风险"是物业管理的基础专业课程之一，是提升教学管理水平、适应新的招生形势、拓宽学生就业途径的重要举措。高端物业法律风险管理，是企业管理者在预防、规避、转移、化解体量较大、服务规格较高、业主需求较多、管理模式新颖的高端、高价、高附加值物业服务与管理中的风险管理工作。

物业服务与管理的内在属性与民生发展高度贴合，这与物业行业"以人为本"不谋而合。当前形势下，高端物业服务与管理领域的法律风险问题受到人们的关注。因此，课程设计聚焦《中华人民共和国民法典》出台后的新规范，论述了如何依托相关法律法规解决业主与物业公司之间的常见纠纷，如何通过风险化解与防控有效地减少物业服务中的安全、隐私等问题，如何帮助高端物业公司合规管理、有效开展法律风险防控措施，以及如何提升学生的物业法律风险识别、预防、补救、化解的能力，培养学生的契约精神、守法意识和职业素养。

(二) 满足学生就业的内在需求

本着"育人教书"的校训和对学生负责任的态度，课程从学生的内在需求出发，适当调整和改变了传统法科教学的方式，采用案例启发方式，贯彻"学以致用"的学习理念。设计课程前，学院收集了学生的各类需求信息，如就业、继续教育、创业等，结果显示，超过70%的学生打算选择现代服务业或泛服务业的相关岗位，从管理服务的基层做起。课程设计重点关注操作性强的基础知识，这样可以提升学生的职业素养和工作综合能力。

(三) 应用5H教学理念的具体实践

"高端物业法律风险"课程比较枯燥。基于这样的特点，教师在备课过程中，需要不断深化酒店管理专业与法学专业的交叉内容，启发学生用法学的方式"动脑"——推演案例；循序渐进引导学生"走心"——感受职业操守和契约精神；指导小组成员配合完成"动手"作业——收集法

律判决文书、制定法律风控措施等；在教学过程中关注学生的"健康"和"快乐"情绪。

（四）促进教学科研的创新发展

"高端物业法律风险"属于管理学的分支课程。中瑞始终强调教学和科研的统一性，教学课堂要反哺科研实践。中瑞酒店管理专业的学生有两次实习机会，在此前提下，开设此门课是提升学生法律思维的有效途径，学生实习经验与教学案例的融合，有助于内化教师的授课成果，进而促进教师科研成果推陈出新。

四、结语

"高端物业法律风险"课程服务于酒店管理专业学生，着眼于中瑞物业管理专业的建设，在课程设计与实践过程中，通过行业挂职实践、企业走访、集体备课、专家访谈、线上讲座、毕业论文指导、教师论文发表等工作，不断沉淀、积累成果，为中瑞的建设增砖添瓦，为学生的成长贡献力量。

参考文献

[1] 庄珊珊. 浅谈物业管理中的法律风险分析及防范 [J]. 现代物业（中旬刊），2019（8）：249.

[2] 张伟苇.《民法典》时代物业服务企业的法律风险控制 [J]. 法制博览，2021（6）：78-80.

基于核心素养的"信息系统工具"课程设计与开发[①]

郑艳军[②]

摘　要：为了提高中瑞酒店管理学院学生的信息素养，课程组教师围绕课程培养目标，结合学科特征，从课程定位、课程设计、课程评价三个方面进行了"信息系统工具"课程的设计与开发，旨在培养学生的信息意识、信息素养、计算思维、数字化学习与创新的能力。

关键词：核心素养　信息系统工具　课程设计

一、"信息系统工具"课程定位

（一）学情分析

课程设计要针对授课对象进行学情分析，了解学生的心理特点和已有基础。

"信息系统工具"课程在第四学期进行授课，面对的是大二的学生。此时的学生自我意识已经形成，对事物有自己的思考和见解；学习兴趣和热情处于全盛时期，对学科知识吸收能力强；独立学习能力强，已初步形成自身的知识体系。

大二学生已经具备学习本课程的基础：完成了Office办公软件的学习，具备基本办公软件的基础操作能力；大一期间的酒店运营基础课程的学习，使学生对专业的知识体系有了初步的认识；第三学期的运营实习，使学生对酒店行业的岗位有了认知，实地观察到了信息系统在行业中不同部门的应用场景。由此可知，在此阶段（第四学期），学生已具备办公软件和岗位认知等基本信息素养。

[①]　收稿日期：2021年4月30日。修订日期：2021年10月21日。
[②]　郑艳军，中瑞酒店管理学院讲师，管理学硕士。主要研究方向：统计学，信息系统工具。

（二）课程描述

"信息系统工具"课程是一门具备学科交叉性质的课程，与管理学、计算机科学、信息管理等学科联系紧密，体现了理论性和实践性结合的特点。

学生通过本课程的学习，可了解管理信息系统的发展过程、技术前沿及其对泛服务业的影响，掌握管理信息系统的基本概念、结构、功能、生命周期，并能够应用管理信息系统软件完成日常工作。

此外，本课程还将引导学生从管理、组织、技术等多个角度认识信息系统，学会在工作环境中有效结合信息系统与业务战略、组织控制、业务流程，以提高其职业素养与职业能力，从而帮助学生获得一定的竞争优势。

综上所述，本课程是中瑞酒店管理学院酒店管理专业的基础和核心，偏向于工具和方法的应用，有利于学生未来的职业发展。

（三）课程目标

立足学生的学情、课程内容及特点，课程组教师根据瑞士洛桑酒店管理学院认证学习导师培训内容和中瑞酒店管理学院5H教学理念，进行了本课程目标的设置，分别从知识层面、能力层面、素养层面进行设计，如表1所示。

表1 "信息系统工具"课程的目标设置

知识目标	1. 明确信息的定义，以及管理信息系统的概念、功能、结构、生命周期 2. 熟悉系统规划，以及系统分析的常用工具与方法 3. 了解管理信息系统的发展过程、技术前沿及其对泛服务业的影响
能力目标	1. 利用 Visio 等图表开发工具绘制鱼骨图、组织结构图、业务流程图、跨职能流程图、甘特图、灵感触发图、营销图表等 2. 利用数据透视表进行数据的分类与汇总 3. 从管理、组织、技术等多个角度认识信息系统，并分析相关案例
素养目标	1. 意识到信息管理的重要性，并养成收集有效信息和分析信息的习惯 2. 形成一定的系统思维与信息思维，并能用其指导实践 3. 养成尊重规则、注重礼仪、独立思考、行事专业的习惯，从而提升职业素养

(四)核心素养

"信息系统工具"课程围绕信息意识、信息素养、计算思维、数字化学习与创新四个方面对学生进行培养。

第一,帮助学生认识到在信息时代,只有具备基本的信息意识,才能发展自身职业,获得核心竞争力。

第二,信息素养逐渐成为人才综合素质的一项非常重要的内容。通过课程的学习,学生能够利用所学的信息系统工具,获取信息资源,解决实际遇到的问题,快速检索、全面评价、有效利用信息资源。

第三,课程注重培养学生的思维、方法、意识、兴趣和能力,培养目标以提高学生的应用能力为根本,学生在特定的情景下,可以运用计算思维解决问题。

第四,数字化学习的平台和资源多种多样,在学生具备信息意识、信息素养和计算思维的基础上,引导学生运用多种数字化工具,养成数字化学习的习惯。

二、"信息系统工具"课程设计

(一)关键概念

"信息系统工具"课程需要界定三个关键概念,即数据、信息、信息系统,学生需要了解这些概念关系。

数据指的是对客观存在的事物进行记录并可以鉴别的符号。数据有多种形式,如数字、文本、视频、音频等。信息是加工处理后的数据,是对客观事物的解释。两者之间是原材料和产品的关系。数据是信息的载体,所有的信息来源于数据;数据是客观存在的,信息具有主观能动性,是经过人的大脑、经验的处理所得的。从数据中获取的不同信息可以为管理、沟通和决策提供支持。

目前,信息系统的定义主要有两种。一是从组织结构来看,信息系统指的是由用户、硬/软件、通信网络等要素构成的人机交互系统。"信息系统工具"课程里的"信息系统"主要指使用计算机硬件和软件且具备通信网络的系统。二是从功能应用来看,合理设计和开发的信息系统,可以很好地收集、存储和管理数据,以提供有用、准确和及时的信息。

当然，由于用户需求不同，信息系统所提供的服务功能是多样的。因此，信息系统是由人、计算机等组成的，通过收集、传输、加工、保存、维护和使用信息，支持组织机构内部作业、管理、分析和决策职能的系统。

（二）课程内容

本课程学分为1.5分，24课时，分12周进行教学。授课地点为计算机教室。课程内容主要分为两大部分：第一部分为理论部分，分别介绍数据、信息、信息系统的基本概念、系统结构和生命周期。第二部分为实操部分，根据信息系统不同的发展阶段进行系统工具的讲解和操作练习。课程内容如图1所示。

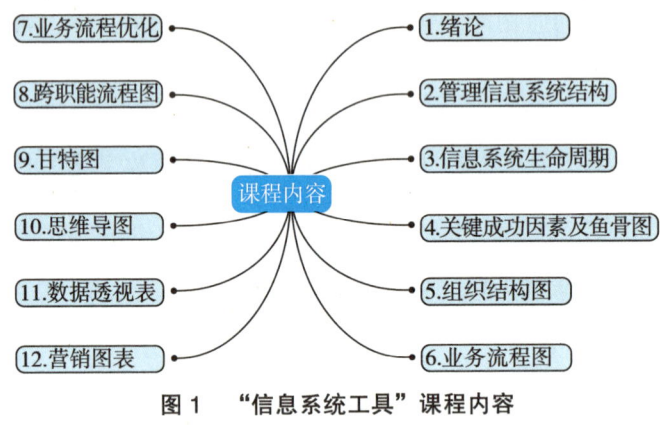

图1 "信息系统工具"课程内容

（三）教学方法

本课程教学方法有两种。一种是理论教学，以讲授法和案例导入为主体，讲述工具的概念、起源、特点等。另一种是实践教学，每次课程以任务驱动方式展开，课后学生需要完成相应的任务；在教学中，授课教师会为学生提供各种信息系统工具的应用场景，学生则可以结合自身的经历进行补充；授课教师还会进行工具的操作演示，并让学生进行实操，从而帮助学生了解工具的基本操作流程和步骤。

两种教学方法的结合，使每次教学形成了"生活线—问题线—知识线—能力线"的体系，提升了学生的应用能力和解决实际问题的能力。在图2所示的教学方法示例中，示例课以生活线引出数据透视表的应用场景，围绕生活线设置3个问题，然后讲授数据透视表的定义、数据源的要求、数据透视表的功能、数据透视图的功能,进而通过实际操作创建数据透视表和数据透视图。

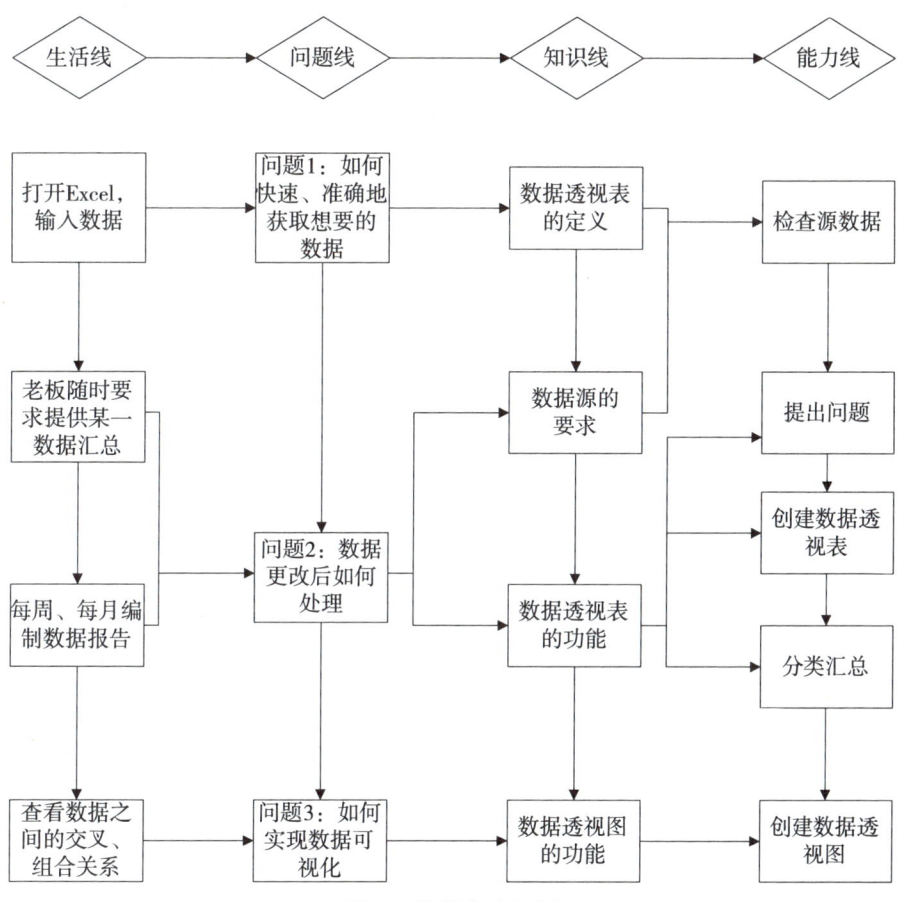

图2 教学方法示例

(四)教学软件

"信息系统工具"课程是基于信息、数据和信息系统的,教学应用工具多种多样,不仅包含 Office 基础软件,如 Excel、Word 等常见的办公软件,而且包含网络在线资源,如 Xmind、ProcessOn 等软件。核心软件为 Visio,它可以使用大量表格和可视化辅助方法,便于用户阅读和理解信息。

（五）教学资源

"信息系统工具"课程以任务为导向，针对各节课的主题设置了 12 个任务；教师演示视频长达 600 分钟，可以在课堂派（教学平台）上回放，帮助学生复习；形成 200 G 学生作业文件，包含操作视频、作业文档。

（六）学法分析

课程教学要强调学生的主体认知作用，同时结合教师的指导作用。教师在授课中要将知识传授和能力培养融为一体，培养学生会学习的能力。教师要求学生上课认真听讲，做好笔记；积极完成实训作业，巩固知识；充分发挥主观能动性，自主学习和思考。

三、"信息系统工具"课程评价

（一）考核方式

本课程考核方式分为线上考核和线下考核两种方式。

线上考核比例：笔记 20%、期中报告 40%、期末报告 40%。笔记要求：学生独立完成，按时提交。笔记形式可以为文字版或视频版。文字版笔记必须字迹清晰、条理清楚、要点明确。操作课笔记可以以视频录制的形式呈现，画面清晰、内容连贯，可适当进行讲解。本课程需要学生完成 8 次个人作业（学生每一周需要完成一份个人作业，其中第一周为非操作作业，其余为操作作业）。

线下考核比例：考勤 10%、课堂表现 20%、个人作业 70%。根据学生回答问题的情况、参与互动的情况，以及其他表现，考核课堂表现；依据 12 个工作任务，考核个人作业，在这些工作任务中，学生需要运用鱼骨图、组织结构图、业务流程图、甘特图、数据透视表、市场营销图表等工具解决实际问题。

（二）操作作业评分标准

无论是线下考核还是线上考核，操作作业占比较大，因此学院规定了操作作业的评分标准。

（1）10分。完全符合作业的要求，内容充实，条理清楚，图例正确，逻辑性强，原创性高。

（2）8～9分。基本符合作业的要求，内容比较充实，有一定的条理性和逻辑性，原创性较高，图例基本正确，有一定的瑕疵（问题比率不超过20%）。

（3）6～7分。大部分内容符合作业的要求，内容不够充实，缺乏一定的条理性和逻辑性，有一定的原创性，图例有较大的问题（问题比率为20%~50%）。

（4）1～5分。大部分内容不符合作业的要求，内容不充实，没有条理性和逻辑性，大部分内容非原创，图例存在严重问题（问题比率大于50%）。

（5）0分。未按规定格式提交作业，课堂派无法识别；未提交作业；抄袭。

四、结语

基于核心素养的"信息系统工具"课程可以培养学生以下几种素养：对数据、信息、信息系统有正确的理解；对信息敏感，具备强烈的信息意识；能从不同角度准确而快速地解读信息、评价信息，并进行批判性思考；能快速地提取、吸收、存储、发布信息；能有效整合信息，创造性地使用信息解决问题。

参考文献

[1] 丁浩，郭有强，吴长法. 新时代背景下应用型本科高校教师核心素养发展问题研究 [J]. 蚌埠学院学报，2020，9（6）：76-79.

[2] 汪琦，吕佩珊，张国宝. 信息时代的大学生信息素养评价体系研究：以应用型本科工商管理类专业为例 [J]. 信息记录材料，2020，21（7）：144-147.

[3] 陈婵，田林. 基于因子分析法的信息化时代大学生核心素养评价体系研究 [J]. 软件导刊（教育技术），2018，17（1）：14-17.

基于职业素养的"宴会与会议销售管理"课程优化研究
——以中瑞酒店管理学院课程为例[1]

杨帆[2]　柴溢[3]　张雪颖[4]

摘　要：酒店业宴会与会议销售是一个成熟的行业。中瑞酒店管理学院"宴会与会议销售管理"课程以职业素质教育为风向标,从知识教育迈向能力教育。本文主要研究"宴会与会议销售管理"课程的优化,通过翻转课堂的教学方法和浸入式教学手段,落实实践模块教学内容,充分利用学院现有资源提升课堂教学质量,提高学生在学习和行业应用方面的素养。

关键词：职业素养　教学研究　宴会与会议销售管理

职业素养是职业内在的规范和要求,是在职业中表现出来的综合品质,包含职业道德、职业技能、职业行为、职业作风、职业意识等方面。很多企业界人士认为,职业素养至少包含两个重要因素：敬业精神及合作态度。不同行业对职业素养的要求有所不同。营销人员的职业素养体现在形象与谈吐、沟通与谈判、团队合作、压力管理四个方面。中瑞酒店管理学院根据国际联号五星级酒店市场销售部工作岗位要求,以学院人才培养方案第一、第二学期课程及第三学期校外实习为基础,开设了酒店业市场营销理论课程。第四学期学习"客房销售管理"课程,第五学期学习"宴会与会议销售管理"课程,这两门课程是培养酒店行业市场营销人才的专业课程,课程教授的职业素养通常会对相关岗位应聘起到关键作用。

---

[1] 收稿日期：2021年8月9日。修订日期：2021年10月21日。
[2] 杨帆,中瑞酒店管理学院讲师,行政管理专业。主要研究方向：市场营销。
[3] 柴溢,中瑞酒店管理学院学生。
[4] 张雪颖,中瑞酒店管理学院学生。

翻转课堂、情景化教学是培养职业素养的重要方法和手段，是素质教育的一部分，充分体现了培养学生自主探究能力的积极作用。本文将探讨翻转课堂、情景化教学在"宴会与会议销售管理"课堂中的使用情况。

一、宴会与会议销售岗位职业素养教育的应用

随着时代的发展，酒店产业不断升级，无接触式服务慢慢升温，智能化流程慢慢成为标配，作为酒店主流收入部分的"宴会与会议收入"的贡献能力呈现缓步上升状态，专业营销人员面临着全新改变和挑战。在新技术、新营销成为关键词的背景下，"宴会与会议销售管理"课程站在会展和团队会议营销的角度，根据4P营销理论，对酒店宴会与会议场地的产品设计（product）、价格谈判（price）、增值推广（promotion）及营销渠道（place）进行理论层面教学，将理论对接销售岗位的核心素养要求，同时对销售人员在客户谈判与沟通、客户关系管理、一站式宴会与会议服务的职业素养需求方面进行演练式教学。案例情景分析使学生在一定场景中进行浸入式学习，这有助于提高学生的学习兴趣，锻炼学生的应用能力。

二、"宴会与会议销售管理"课程翻转课堂教学模式的解读

翻转课堂指重新调整课堂内外的时间，将学习的决定权从教师转移给学生。在"宴会与会议销售管理"课堂中，理论知识被模块化整合，编制成教学手册。上课前，教师借助网络资源发送教学手册，让学生自主学习；课堂上，以学生为主导，通过课堂互动形式为学生答疑解惑。课程实践部分从案例式理论教学调整为场景化实践教学，注重提升学生的销售沟通与谈判能力、设计能力、一站式服务能力。真实宴会厅场景演练打破了传统销售理论课程在教室中教学的被动形式，充分体现了以学生为主体的教学，同时提高了学生学习的积极性，让学生通过实际参与获得学习和锻炼的机会。上述形式符合学生个性化发展的需要，真正把销售技能实战落地，这有助于提升教学效果。

三、"宴会与会议销售管理"课程翻转课堂教学模式的应用

(一)通过课堂派教学平台进行课前预习

现有的"宴会与会议销售管理"课程分为基础理论课程和实践课程两部分。为了保证实践课程的教学效果,教师通过课堂派发送预习任务,让学生利用课余时间对销售形象与礼仪、谈判与沟通、团队协作和应对客人不同意见的职业能力进行了解和学习。预习任务包括理论知识层面学习和酒店行业案例分析,目的是培养学生的前瞻性思维,引导学生带着问题学习实践课程。

(二)使用真实宴会厅场地

中瑞酒店管理学院教学酒店宴会厅有680平方米,为全移动式多功能厅,符合商务和会议型酒店宴会与会议设施配备标准,能够满足客人的多种需求。充分利用场地优势,提前预设宴会与会议活动中常用的摆台形式,包括教室式、围桌式、U形台式等,让学生一进入宴会课堂场地,就能主动关联预习作业中的案例内容,主动思考,感知客人需求。

对宴会与会议销售来说,在日常营销过程中,由于客人消费金额较高,销售人员除具备价格谈判技巧外,还需要对销售合同条款进行解释,并对消费款项的各个阶段进行跟进。销售人员应按照逻辑进行客户预订,解读相关条款,对未来可能遇到的双方责任、免责、索赔等纠纷做好充分准备。因此,岗位日常工作中涉及的文档条款、内部单据、财务制度等都需要销售人员及时掌握和更新,同时,酒店销售和预订系统的使用、会场设备设施的使用,是销售人员必备技能。

(三)通过角色扮演进行浸入式自主学习

课程教学根据酒店宴会与会议销售部各岗位编制进行。学生根据自身职业发展规划选择对应岗位,并根据教学手册中不同岗位职责进行实践课程学习和演练,每个独立小组形成一个销售集体,在教学酒店宴会厅场景中进行浸入式学习。这样既可以提升学生的销售技能,又可以锻炼人际交往能力;既可以培养学生的团队精神、集体荣誉感,又能为学生职业规划奠定基础,帮助学生建立热情自信的职业作风和服务意识。

四、"宴会与会议销售管理"课程翻转课堂模式的教学意义

笔者在采访北京五星级酒店销售总监的过程中发现，酒店要求销售人才必须具备本科学历、中英文双语沟通能力、基本办公软件使用外，尤其是职业素养。

在基础素养方面，酒店希望销售岗位应聘人员具有业界相关经验，有责任感，自身抗压能力强；熟悉酒店业务；能够与客户快速建立联系，有较强的行动力和项目推进能力；熟悉应聘酒店的品牌战略、品牌标准及酒店产品；有良好的社交能力和销售沟通能力，对客户各方面的需求较为敏感，具有服务意识；知晓财务知识，能够进行简单的受益成本分析；对自己及应聘酒店有自信。

对于没有工作经验的应届毕业生，酒店会比较关注应聘者在销售方面的理论知识储备，如市场营销学、心理学、谈判与沟通、财务会计、客户关系管理等。

酒店面试销售岗位时，常问的基本问题包括市场理解度、逻辑思维、个人规划等方面的问题。市场理解度问题：什么是会展？你认为当地市场会有哪些会展生意？哪些行业是当下热门行业？哪些行业会给酒店带来效益？逻辑思维问题：如何维护酒店与客人之间的关系？如何快速介绍酒店的宴会大厅？如果客户非常不满意酒店的产品，你会怎么做？个人规划问题：如何理解会展销售工作？为什么想做销售工作？你的五年职业规划是什么？入职后，你需要酒店给你进行哪方面的培训？

在"宴会与会议销售管理"课程教学过程中，教师会根据行业需求适时加入相关职业素养教学内容，帮助学生认知自我，寻找合适岗位。

（一）培养学生负责的工作态度和有效的时间管理能力

酒店在筛选应聘者时，会优先考虑有经验和有客户背景的宴会与会议销售候选人，这样的应聘者拥有人脉资源和基本销售职业素养，并且有一定的社会阅历，处理客户关系时得心应手，而应届毕业生在社会阅历、客户积累和销售技巧方面都存在很大的局限性，酒店不会将其作为主要招聘对象，只能作为潜力培养对象。因此，应届毕业生必须做好努力将自己打造成合格销售人员的准备。

课程教师在人才培养过程中会关注学生深造岗位对职业生涯规划的要求。翻转课堂模式能够培养学生自主学习的责任心，以及时间管理方面的素质，从而帮助学生适应高压的销售工作。

（二）培养销售技能，做好职业规划

酒店销售工作不仅涉及宴会与会议产品的销售，而且涉及客房、会议、餐饮产品的销售。计划步入酒店销售岗位的学生，应掌握酒店各个岗位的基本知识和办公软件的使用技巧，这有利于个人发展。实景销售技能和话术演练，可以帮助学生快速了解岗位性质，掌握岗位技能，全面提高职业素质。宴会与会议生意是酒店希望开发的生意源，这对酒店收入很重要，但是宴会与会议生意常常受到酒店的城市性质、地理位置、客源结构、客房和宴会场地的配比情况等因素的影响。虽然当下会展市场呈现利好，但是变数是随时存在的。因此，学生必须掌握市场销售部各个岗位的销售技能，同时关注旅游和酒店会展行业的动态，在大环境中找到适合自己的职业生涯发展方向。

（三）挖掘学生潜在特长，锻炼学生应对能力

传统意义上的教学就是教与学，教师教什么，学生就学什么；现代教学强调以学生为主体，教师引导学生发挥主观能动性，鼓励学生个性化发展。在"宴会与会议销售管理"课程翻转课堂教学模式下，教师会在课堂上提供充足的教学资源，在学生之间建立互助式学习，在销售技巧实践演练中提高学生机智思维，锻炼学生突发事件应对能力，这同时考验了教师对教学内容的熟悉程度，提高了教师教学能力的要求。

五、结论

培养销售人员职业素养是教育改革顺应时代变化的要求。不断提高和完善学生职业素养培养，是适应酒店业发展要求、实现教师与学生共同进步的必要过程。

参考文献

[1] 林淑敏，尚洁，赵卫星，等.核心素养下高中化学翻转课堂教学分析[J].广东化工，2021，48（1）：208-209.

[2] 曹萌.基于慕课的翻转课堂在体育运动技能教学中的应用研究[D].曲阜：曲阜师范大学，2020.

第四部分
Heart——走心育人篇

基于课程思政的西方经济学课程教学研究与实践[①]

李俊丽[②]　王珂[③]

摘　要：课程思政教学是积极响应国家课程思政改革号召的必由之路，也是培育学生以适合中国国情的经济观客观认识中国经济的重要措施。本文首先分析了在西方经济学中开展课程思政的必要性，其次根据西方经济学课程思政教学研究与实践情况从九大方面总结了实现路径，希望教师在以后的教学中进一步探索和努力。

关键词：课程思政　西方经济学　教学研究与实践

一、引言

从2016年召开的全国高校思想政治工作会议至今，习近平多次发表关于课程思政的重要论述，为全面推进课程思政建设提供了根本依据，其目的是将专业课程和思想教育课程充分融合，从而将正确的人生观和价值观植入专业教育中，使新时代的大学生具备正确的思政观。从中央做出的决策部署到教育部狠抓落实，再到各高校积极开展行动和出台各种实施方案，课程思政工作的开展如火如荼。将经济学专业知识与中国现实、马克思主义相结合，进而解决中国问题。

二、在西方经济学中开展课程思政的重要性

中瑞酒店管理学院以酒店管理专业为核心专业，辐射其他商科类专业。学院开设的西方经济学课程以西方经济学理论体系为主，其观点和分析的经济现象多以西方资本主义市场经济为出发点，这与我国社会主

[①] 收稿日期：2022年1月。修订日期：2022年3月。
[②] 李俊丽，中瑞酒店管理学院副教授。主要研究方向：旅游管理。
[③] 王珂，中瑞酒店管理学院行政人员，经济学硕士。主要研究方向：人力资源管理。

义市场经济的运行规律有一定的差异。西方经济学作为西方国家普遍采用的研究经济和市场运行的经济学理论，对我国经济现象研究具有一定的借鉴作用。虽然我国开展经济学研究时间较短，但是我国经济总量较大，在实际运行中有自己的特点，借鉴西方经济学理论时不能受西方价值观的影响，注重西方经济学课程和思政课程的结合。这就要求教师在设计课程时采用辩证的教学法对学生进行正确的教导，开展符合中国国情和意识形态的教学活动，帮助学生树立正确的经济观，理解中国的经济制度及相关政策，从而获得更多的经济学知识。

西方经济学的课程思政教学改革，是由西方经济学课程本身的特点和教学内容决定的，是培养学生正确价值观和经济观的现实要求，也是响应国家思政教育的政策要求。结合西方经济学特点和酒店专业课程特点，在开设十余年的西方经济学课程基础上，学院从课程思政要求出发，同时选用马克思主义理论研究与建设工程教材中的《西方经济学》一书为教材主体。在社会主义政治制度的基础上，借鉴西方经济学基本原理，研究我国经济现象、经济政策及制度，以理论基础和实践相结合的方式对学生进行西方经济学思政教学，以达到为我国的社会主义建设培养合格接班人的目的。

三、西方经济学课程思政教学研究与实践的必要因素

（一）市场经济体制因素

社会主义市场经济是我国的基本经济制度。资源配置、生产和需求的协调等都要在社会主义市场经济的宏观调控下进行。结合中国国情对西方经济学中以私有制为基础的市场经济运行原理进行调整，西方经济学课程思政的学习和研究既是改革开放的需要，也是认识社会主义市场经济的需要；既是理解党和国家政治经济政策及改革措施的需要，也是产生爱党爱国情怀的需要。

（二）经济学基本规律因素

西方经济学包括微观经济学和宏观经济学，它是在资本主义市场经济出现新矛盾的基础上进行观察、总结和分析产生的，是对以往经济运行规律的总结和提炼，是目前理论体系完整、逻辑相对严密的一门经济

学理论课程。随着全球经济一体化的发展，东西方意识形态的不同，以及大数据、人工智能、云计算等高新技术的发展不断冲击着市场的基本属性，经济学基本规律也在不断改变，因此西方经济学课程思政改革势在必行。

（三）课程性质因素

西方经济学是商科专业基础课程，课程讲解要结合专业特性，以达到学以致用的目的。西方经济学课程用经济学的思维分析发生在身边的经济现象和国家经济政策，以学生掌握和应用经济学原理为中心任务。因此，该课程虽然用西方经济学的原理进行讲解和分析，但是课程内容和特点决定了其自带思政性质。西方经济学课程思政教学改革就是将思想政治教育的相关内容融入西方经济学的具体教学当中，通过"润物细无声"的方式达到思想政治教育的目的，向学生传授有关我国政治体制、经济体制、意识形态、社会主义核心价值观等方面的知识，让学生在学习专业知识的同时自然地理解这些知识对国家、民族发展的重要性。

四、西方经济学课程思政教学研究与实践

西方经济学作为商科专业基础课程，既是建院之初就开展的课程，也是最早开展课程思政的课程之一。

（一）院级层面课程思政要求及相关政策的制定

为了提升人才培养质量，将职业素养落实到立德树人的课程思政教学中，实现以职业素养为核心的课程设计与立德树人的课程思政教学的融合目标，推进"知行合一，学以致用"教学理念的落实和学院内涵建设，学院制定了《提升师生职业素养实施方案（修订）》和《以职业素养为核心的课程思政建设2021年工作方案》两个文件，从学院层面详细规定了具体实施细则，以及各专业和课程的具体要求。西方经济学是学院重要专业基础课程，必须响应学院号召，积极开展课程思政工作。

（二）独特的养成式思政教育体系

学院从建校之初就注重开展立德树人教育实践，提倡"育人教书"，强调"育人为先""育人先育己"。教师言传身教，教会学生做人做事，

倡导学生努力成为一个品行兼优的人，努力做好每一件事，提升人品德行，提升职业素养和职业技能，做正派人，干正经事。将课程思政教育充分融入教学实践和学生培养的细节当中，学院通过搭建真实职业育人环境，强化沉浸式全景育人效果，真正做到教学运营一体化，理论实践一体化，让学生在干中学，学中干，践行学院"尊重、专业、责任"的核心价值观。教师和学生可以从"5H"角度了解学院培养人才的过程，即 Hand、Head、Heart、Health、Happiness。这些教学实践形成了独特的思政教育体系，西方经济学课程在这种大环境下进行思政改革的教育和实践。

（三）基于专业人才培养方案的整体课程思政设计

西方经济学是专业基础课程，其课程思政整体设计要和专业特点紧密结合。例如，财务专业教师讲授国民经济核算时，要将财务人员在工作过程中应该秉承的公平公正、严谨认真的工作态度和职业道德设计其中。

（四）清晰明了的教学目标

将课程思政理念润物细无声地融入西方经济学课程思政中，实现价值引领、能力培养和知识传授的统一，从而设定清晰的教学目标。课程组多次开展研讨，集体说课和观摩，进一步在原有教学改革基础上明确教学思路，将思政教育要求和育人要素融入教学内容安排设置与教学方式设计中。帮助学生理解和运用西方经济学（微观和宏观）的基本概念、主要原理，用正确的方法分析身边发生的经济学事件，在采用真实案例的基础上运用西方经济学中适合我国国情的有益部分，注意从实践方面培养学生树立正确的世界观、人生观、价值观，从而增强学生的国家荣誉感、民族自豪感、历史使命感。

（五）与思政充分结合的教学内容

西方经济学课程开设后的十余年间，课程组不断完善课程大纲和教学体系，积累了丰富的教学材料、教学课件、习题库和影音资料。本课程采用高等教育出版社出版的马克思主义理论研究和建设工程重点教材《西方经济学》。实施课程思政教学以来，课程组多次开展线上、线下研讨会议，每周开展说课活动，认真研讨如何更好地将思想政治教育贯穿本课程教学全过程，教学大纲和课程充分结合课程思政元素，引导学生学习理论并应用理论分析我国经济现象，努力实现立德树人目标。西方经济学课程的后续课程为"酒店业经济学"，为了整个课程体系合理和知识点不重复，教师在内容讲解上各有侧重。本课程分为微观经济学（12课时）和宏观经济学（20课时）。按照培养酒店管理人才的需要，课程团队将习近平新时代中国特色社会主义思想、马克思主义政治经济学，以及其他有利于培养中国特色社会主义事业合格建设者和可靠接班人的育人内容作为课程思政素材，科学设计西方经济学课程教学，有效实现课程思政教学改革的目标。

例如，讲供给和需求时，正好赶上环球影城内测活动，很多人在网上高价倒卖内测票，这是典型的需求大于供给的情况，针对这一现象，教师不仅要讲经济学理论知识，而且要将《中华人民共和国治安管理处罚法》第五十二条第三款对倒卖文艺演出票的有关处罚内容融入课程思政；讲国内生产总值时，在理解国内生产总值概念、核算方法及影响因素的基础上，结合当时东北三省限电政策提出"国内生产总值增长与绿色发展的关系"等问题，以及作为经济热点的碳达峰碳中和政策及数据，让学生进行讨论，引入中国的新发展理念和绿色发展实践，使学生了解中国改革开放取得的伟大成就，认识中国负责任的大国形象和地位，中国经济绿色高质量发展对国际经济发展、全球生态环境治理的贡献，使学生增强"道路自信"，增强爱国意识、可持续发展理念和社会责任感。

（六）以学生为中心的创新教学方法

西方经济学采用线上线下相结合的混合式教学方法。课程组教师共享教学资料、共同备课；面向学生开放的资源不仅跟课本相关，而且包含大量的经济学视频、时事新闻、经济热点话题、思政教育资料，这样可以丰富学生学习资料，提升学生自学能力，同时解决了课时少和知识点多的问题，提升课程思政融入效果；线上教学模块可以将学生的学习拓展到课前。教师根据课程内容发布预习任务，在课后布置作业和拓展阅读任务，并通过课堂派实时了解学生的学习情况、解决学生间的互动问题；将传统教学法和线上教学法充分结合，如考查出勤情况、互动答题、抢答等，将学生学习的积极性调动起来，实现以学生为中心的课程思政教育。

教师在实践教学环节充分利用学院搭建的真实酒店职业育人环境，让学生到酒店进行观摩和实践，并在实践前设计好经济学问题和思政问题，让学生带着问题去参观和学习，从而更好地了解经济学的有关知识；学生应在实践中关注酒店管理制度、成本控制和效益提升、企业文化建设；学生应在实践中理解供给需求，国家政策对酒店业的影响，感受社会主义市场经济体制完善过程中，生产要素市场的建立和探索，经济的健康发展，体会我国改革开放的成果。

（七）完善的考核体系

西方经济学课程思政教学效果的检验以学生的应用能力为主，注重过程性考核（过程性考核占比为60%），主要包括以下几方面：出勤10%、课堂表现（回答问题、小组互动、经济典型案例的分析与讨论）15%、课程作业（作业、预习、拓展阅读、互动交流）20%、课程实践（在实践中发现经济问题、分析经济问题、解决经济问题）15%。期末考核占比为40%，采用闭卷考试的形式，一方面检验西方经济学理论知识的掌握程度，另一方面在案例分析和应用中检验思政教学的效果。考核结束后，教师会对试卷成绩进行综合分析，分析试卷命题质量及每道题的得分情况，分析学生知识点和课程思政掌握情况，反思教学中的优缺点，为课程思政改革工作积累经验。

（八）与教育主管部门要求接轨的课程思政优质课程申报

学院在西方经济学课程思政教学中不断积累经验和提高育人质量，同时积极参与中共北京市委教育工作委员会和北京市教育委员会组织的课程思政示范课程、教学名师和团队建设申报工作，通过参加评审促进西方经济学课程思政更深入的研究和探讨，同时用更高的标准推动课程思政教学的进步。

（九）以提高师资质量为主的教学竞赛和业界挂职

为了提高西方经济学教师团队的课程思政教学能力，课程组教师应积极参加学校组织的以职业素养为核心的课程思政教学竞赛，通过以赛促教的形式提高课程思政设计和教学能力。除此以外，教师还应积极参加课程思政、马克思主义研究和建设工程教材培训，从理论角度学习如何将思想政治内容润物细无声地融入课程教学。课程团队教师应利用寒暑假进行挂职锻炼，从实践角度丰富课程思政教学案例，努力成为"双师型"课程思政教师。

五、结语

西方经济学课程思政教学改革在塑造教师和学生正确的经济观、客观认识中国经济方面任重道远，随着西方经济学课程教学改革的不断摸索、实践与推进，希望学院能取得更多的成果，为中华民族伟大复兴做出贡献。

参考文献

[1] 尹伯成，刘江会.西方经济学简明教程[M].9版.上海：格致出版社，2018.

[2] 陈炜.西方经济学课程思政教学改革的研究与实践[J].赤峰学院学报（自然科学版），2021，37（10）：100-104.

[3] 卢素兰.宏观经济学课程思政教学设计探索[J].海峡科学，2020（12）：105-108.

思政教育元素融入理论课程的途径探究

——以中瑞酒店管理学院人力资源管理课程为例[①]

周兵[②]

摘　要：将思政教育元素融入理论课程，响应时代召唤，贯彻落实立德树人根本任务，是一个系统工程，需要正确的指导理念和行之有效的实践方法。以中瑞酒店管理学院的人力资源管理课程为例，确立思政教育元素融入理论课程的指导理论，从课程中精准提炼出思政教育元素，多方位构建立体化融入途径，建立多元化教学体系和全过程考核模式，通过监督和激励双轨机制保障融入途径的可行性和有效性，为高校思政教育元素融入理论课程途径探究提供了一些参考建议。

关键词：思政教育元素　人力资源管理　融入途径

2016年12月召开的全国高校思想政治工作会议成为各高校"课程思政"改革的重要推力。在会议中，习近平指出，"要坚持把立德树人作为中心环节，把思想政治工作贯穿教育教学全过程，实现全程育人、全方位育人""要用好课堂教学这个主渠道……提升思想政治教育亲和力和针对性……使各类课程与思想政治理论课同向同行，形成协同效应"。在这一历史背景和时代召唤下，高校需要提炼出理论课程中的思政教育元素，摸索出切实可行的融入途径，以社会主义核心价值观为指导思想，将中国传统文化、社会责任等思政教育元素融入人力资源管理课程中，全面贯彻落实国家立德树人的人才培养目标。

[①] 收稿日期：2021年6月。修订日期：2021年11月。
[②] 周兵，中瑞酒店管理学院教学事务部教师，工商管理硕士。主要研究方向：人力资源管理，职业规划，员工关系管理，酒店培训。

一、思政教育元素融入理论课程的指导理论

高校以建构主义作为思政教育元素融入理论课程的指导理论。建构主义学习理论认为，学习是通过与周围环境相互作用将外界刺激同化和顺应的过程。建构主义强调，学习者并不是空着头脑进入学习情境的，而是带着自己的生活经验和原有知识结构进入课堂。

中瑞酒店管理学院的学生在上人力资源管理课程前，已在酒店或泛服务行业实习过一段时间，对人力资源管理在行业的实践有一定的认知和理解，对工作中渗入的思政教育元素有一定程度的体验，这为建构主义教学指导理论奠定了良好的基础。

二、人力资源管理课程中的思政教育元素

人力资源管理课程有六大模块，分别是人力资源规划、员工招聘、员工培训、绩效管理、薪酬管理和员工关系管理。这些模块在实践过程中不仅能够体现出人力资源管理者的知识和技能，而且能体现出以思政教育元素为根基的职业素养。通过对人力资源管理六大模块教学目标的梳理，可以提炼出各自对应的思政教育元素。人力资源管理课程教学目标的思政教育元素梳理如表1所示。

表1　人力资源管理课程教学目标的思政教育元素梳理

模块	专业知识和技能教学目标	思政教学目标
人力资源规划	叙述人力资源规划的内容和方法，制订战略规划、组织规划、制度规划、人员规划、费用规划	培养前瞻意识、全局意识，做事有计划、有目标，增强敏感性
员工招聘	阐述招聘流程，运用面试技巧，避免走进面试误区，运用人员测评工具	培养诚信、守法、公平、公正的职业素养
员工培训	列出培训方法、流程，运用一对一和一对多培训，使用课堂掌控技巧、提问技巧	树立终身学习的观念，培养严谨、踏实、敬业、奉献的工作态度

续 表

模块	专业知识和技能教学目标	思政教学目标
绩效管理	解释绩效管理的方法与程序，运用绩效考评的方法和绩效面谈的技巧	培养公平、公正意识，以及实事求是的工作作风，形成严谨、踏实、敬业的工作态度
薪酬管理	阐述薪酬管理的定义和原则，运用岗位评价的方法、薪酬调查的程序和方法，能够进行薪酬体系的设计	培养公平、公正、守法的意识
员工关系管理	叙述员工关系管理的内涵与目的，正确管理劳动合同、规章制度、员工离职等	树立诚信、守法、平等、协商、尊重的意识

三、思政教育元素融入人力资源管理课程的途径

理论课堂在思政教育元素植入过程中起着主导作用，授课教师通过构建多元化教学体系和建立思政教育元素贯通考核全过程模式，打造思政教育元素融入课程的途径。

（一）构建多元化教学体系

1. 时事解读

将与人力资源管理思政教育元素有关的时事新闻带入课堂，组织学生讨论，促进学生思考，增强学生对时事新闻的敏感度，以及分析、判断和处理行业问题的能力。

针对时事新闻，授课教师引导学生从考核和续聘管理两个方面进行分析和判断，培养学生严谨、负责、公正、守法的意识。

2. 翻转课堂

通过翻转课堂培养学生的思政意识，课前根据主题布置作业，在课堂上学生展示作业内容，授课教师给予评价。例如，讲述薪酬管理内容时，提前通过课堂派（中瑞的教学平台）布置作业，以下为该作业内容。

薪酬管理事件描述：某企业的部门总监张先生找人力资源部沟通他部门两名员工的薪水问题。员工A大学毕业后就到该企业担任张先生的助理，其薪资水平已是该职位的最高档（每个职位的薪资水平分三个

档），由于其工作表现出色，张先生提出为员工 A 涨工资，幅度为 80%，经过人力资源部计算，若工资上涨 80%，入职才一年的员工 A 的薪水将超过已入职五年的员工的薪水。员工 B 已入职三年，合同即将到期，但张先生对他的工作认可度不高，提出续签新合同时设置三个月的试用期，薪水按照工资的 80% 发放。

根据以上描述，思考以下问题并在课堂上进行展示。

张先生对员工 A 薪水的调整是否合理？为什么？

若员工 A 的薪水调整得到了批准，这会在公司造成什么影响？

张先生对员工 B 续签合同的提议是否合理？为什么？

若人力资源部采纳了张先生的提议，这会造成什么后果？

针对张先生的想法，人力资源部应该如何答复他？

从长远来看，为了避免在薪酬管理上出现类似问题，人力资源部应该采取什么措施？

学生通过阅读相关材料和回答问题，认识到薪酬管理的重要性。学生在课堂上展示时，授课教师给予反馈和纠正。这样的方式一方面培养了学生自主学习、自我管理的意识；另一方面引导学生树立了正确的全局观和价值观，形成了公平、公正、守法的意识。

3. 任务驱动

"以任务为主线，以教师为主导，以学生为主体"是任务驱动的基本特征。在人力资源管理课堂上，任务驱动的教学方式能够帮助学生有效掌握所授知识和技能，较好地培养以思政教育元素为根基的职业素养。例如，授课教师布置绩效考核流程的任务，学生针对这一任务进行资料收集、整理，并进行讨论，形成一致认可的绩效考核流程并进行展示，授课教师讲授正确的绩效考核流程。在绩效考核展示中，学生可以得知绩效考核材料的收集渠道、范围、绩效考核条款的设置、绩效考核的方法、考核人在给予考核时的客观性，这些内容有助于培养学生公平、公正意识，以及实事求是的工作作风。

4. 角色扮演

人力资源管理的灵魂是人的管理，很多知识和技能都需要通过人体现和执行。角色扮演是人力资源管理课程中一个行之有效的教学方法，学生通过角色扮演能够真切感受和展现思政教育元素。例如，讲授面试技巧时，安排学生分组进行角色扮演，每组一人充当面试官，一人充当求职者，通过面试的角色扮演，学生能够培养诚信、严谨、负责、公道、公正的工作态度和职业素养。

5. 案例分析

案例分析提供了在职场中会遇到的仿真挑战，让学生通过分析提供解决方案，这既能促进学生深入思考，也能培养学生建立正确的工作态度。例如，讲授培训管理时，可以提供以下案例分析。

根据培训计划，今天下午两点，中餐厅主管 Mike 将在一个包间给员工做摆台培训。到了下午两点，只有3人到场，Mike 就去其他包间叫员工，等员工全部到了，培训开始时间已过了六分钟。Mike 并没有对迟到的员工提出任何要求，培训一开始，他就直接把摆台说了一遍，三分钟就说完了，然后问大家有什么问题，无人反应，Mike 就宣布培训结束了。

针对这一案例，授课教师提出问题：Mike 在培训中存在什么样的问题？这些问题会造成什么影响？他应该怎么做？

授课教师根据学生的分析进行正确引导，帮助学生建立严谨、负责的工作态度和规范管理的意识。

6. 延伸阅读

每次授课结束之后，教师布置课后延伸阅读任务，帮助学生延伸和完善知识体系，促进学生思考的同时，培养学生自主学习和自我管理的意识，建立学生对所授知识进行深层次分析与判断的思维模式。例如，面试技巧讲授完毕后，教师布置延伸阅读任务——《过去测判未来：行为面试法》。这会让学生对行为面试法有更为全面的认识，增强了解分析、深入思考和全面管理的意识。

（二）建立思政教育元素贯通考核全过程模式

将思政教育元素作为考核的一部分贯穿于平时考核、期中考核和期末考核中。人力资源管理课程考核指标与成绩比例如表2所示。

表2　人力资源管理课程考核指标与成绩比例

考核指标		成绩比例
平时考核	职业素养	10%
	随堂测验/作业	20%
期中考核	小组展示	20%
期末考核	闭卷考试	50%

在平时考核中，学生的职业素养，如出勤率、仪容、课堂行为表现，是被考核的具体内容，这一考核体现了自我管理、尊重、专业、严谨等思政教育元素。在期中考核部分，学生根据不同的主题组建小组，主题包括人力资源状况调研、酒店招聘与面试、潜力员工培养、新员工入职培训、面对突发情况时的酒店人力资源对策，小组展示和个人展示能够体现团队合作、协调、组织、尊重、严谨等思政教育元素。在期末考核部分，授课教师设计了主观题和客观题，主观题包括材料分析等，主观题的解答能够体现严谨、公正、尊重、平等等思政教育元素。

四、思政教育元素融入理论课程的保障制度

将思政教育元素融入理论课程是响应时代召唤和贯彻国家立德育人目标的方针，建立健全有效的保障制度，建立监督和激励的双轨机制，为思政教育元素融入理论课程提供长期的有效保障机制。

（一）建立监督机制

以社会主义核心价值观为指导，深入挖掘理论课程中的思政教育元素，并为这些元素的融入设计可操作性的途径，通过三级（授课教师、教研室、教学事务部）审核，确保提取的思政教育元素的正确性，以及融入理论课堂途径的合理性。

通过督导员听课、同事听课、绩效考核等方式，建立思政教育元素融入课程的保障机制。在听课评价过程中，督导员或同事将授课教师的教学方法和师生互动作为思政教育元素融入的评价指标。在教师绩效考核中，将思政教育元素的融入作为考核指标，考核信息来源于平时的听

课评价、教学目标、教学案例、教师自评、学生评教等。通过以评促教、以教促学建立监督机制，保证思政教育元素的融入常态化和规范化。

基于思政教育元素融入理论课堂效果的验收，在日常学生管理过程中，观察学生是否展现了正确的人生观、价值观和家国情怀，是否有责任感、使命感，是否坚守诚信，是否公平公正。

（二）建立激励机制

建立授课教师的激励机制，促进教师挖掘思政教育元素并积极将其融入课程中。以学期为单位，将听课评价和绩效考核中思政教育元素融入课程的得分进行汇总，建立不同分档：9分至10分为优秀，7分至8分为良好。给予优秀和良好的教师奖励。

五、结语

高校将思政教育元素融入理论课程，这既是时代的召唤，也是高素质人才培养的方向。中瑞酒店管理学院以建构主义为理论指导，通过建立监督和激励的双轨机制保障融入途径的可行性和有效性。展望未来，中瑞酒店管理学院将继续以建构主义为理论指导，梳理和提炼课程中的思政教育元素，通过有效的教学方法和机制实现立德树人的培养目标。

参考文献

[1] 吴晶，胡浩. 习近平在全国高校思想政治工作会议上强调把思想政治工作贯穿教育教学全过程 开创我国高等教育事业发展新局面 [J]. 中国高等教育，2016（24）：5-7.

[2] 张兴龙，韩金娜，陈晓陆. 建构主义视域下"密度"概念的教学实践 [J]. 教学与管理，2021（4）：71-72.

[3] 陈柳源. "课程思政"理念与高校人力资源管理专业融合路径探索 [J]. 高教论坛，2020（8）：30-32.

业财融合视角下酒店前厅收入稽核要点[①]

滕丽丹[②]　伊闽南[③]

摘　要：在酒店产品同质化现象严重、竞争日益加剧的背景下，如何发挥财务精细化管理作用、确保酒店能够尽数及时获取收入显得至关重要。本文通过访谈和深入酒店实地调研观摩，基于业财融合视角探讨酒店前厅日审的稽核要点，旨在发现可优化的流程及核心风险点监控，讨论如何通过业财融合的有效助力发挥日审职能的积极作用，为提升酒店财务管理水平提供参考依据。

关键词：业财融合　前厅收入　收入稽核

近些年，旅游及泛服务业竞争激烈，面对大量竞争者的加入，能否保持原有的获利空间成为酒店亟须考虑的问题。客房收入在酒店总体收入中占比最高，从财务视角审视前厅日审稽核要点，从而帮助酒店创造价值，提升获利能力和竞争水平。

一、业财融合视角下酒店前厅收入稽核

酒店日审岗位是酒店收入审核的核心岗位，负责稽核酒店全部收益并对其实施管控。管理层可以更好地了解相关部门的工作流程及风险点管控，这对财务日审稽核管控完整性、准确性等大有裨益。业财融合就是数据融合，利用会计数据并整合业务数据，形成业务和财务决策支持的良性循环。然而，在酒店实际运营过程中，有些工作人员认为财务的主要职责是核算、管理报表等。由于业务与财务之间的信息不对称，业务实质与财务核算分离，财务审计人员缺乏与业务部门的深入交流和协调，管理流程落实不彻底或缺乏监督。日审人员应深入接待等业务部门，实地观察并及

[①]　收稿日期：2022 年 10 月。
[②]　滕丽丹，中瑞酒店管理学院副教授，会计学硕士。主要研究方向：酒店财务管理。
[③]　伊闽南，北京财贸职业学院，管理学博士。主要研究方向：酒店内部控制。

时给予财务视角的指导或帮助,这对酒店收入核算水平的提升和酒店收入的确保至关重要。通过实地观摩调研部分酒店和访谈相关工作人员,梳理提炼了以下几项前厅收入稽核要点,并从业财融合视角提出具体的意见和建议。

(一)入住环节

财务日审人员需要提前与前台接待工作人员约定,根据酒店客人的付款方式确定是否需要向其收取押金及押金金额。

1. 公司担保或协议方式

公司担保或协议方式指由与酒店签订协议的单位为客人支付其入住期间的房费,因此前台人员对此类客人无须收取房费押金。

2. 飞猪、携程等在线渠道方式

客人采用在线渠道付款时通常会提前在相关平台支付费用,酒店预订平台扣除佣金,因此客人办理入住时,酒店无须向其收取房费押金。

3. 客人自付方式

此类客人办理入住时前台人员需要向其收取房费及杂项押金。根据客人支付押金的方式,前台人员需要做不同操作。

(1)现金支付。首先,通过验钞机辨别现金的真伪;其次,开具两个联次的押金收据,请客人亲笔签名,一联给客人,留待退房时用,一联由前台人员留存备用。

(2)微信、支付宝支付。前台人员需要在录入系统时标注清楚微信收款凭单的号码,以便收款单据丢失时可以查出相应收款记录。同时,在系统中提前选好客人离店时的结账方式,这样后续值班人员在进行客人结账离店环节时可以节约时间。

(3)信用卡支付。前台人员需要刷取2倍房费左右的信用卡预授金作为押金,务必请客人签字确认。

(二)结账离店环节

根据客人入住时的付款方式,办理结账离店手续。采用现金支付方式的客人需要持之前联次押金收据退还押金,前台人员填写完退款支付单据后务必核对客人签字,确保其与押金单据上的姓名保持一致。若客人单据丢失,需要复印其身份证件并请客人在本人身份证复印件上面写清楚"已收到退还押金"等字样,同样要求客人签名,确保其与押金单据上的姓名一致。前台人员将其留存联次与客人返还联次一起作为支付款的附件支撑材料。班次结束时进行投单,日审人员次日取回进行稽核。对于采用其他几种结账方式的客人,酒店前台人员需要打印客人全部消费账单,客人确认无误后,确保客人全部消费均已结清。将全部当班结账单据按照付款方式分类投单。

(三)注意事项

1. 会员积分审核

财务日审人员在审核酒店积分时发现,有两张账单积分记录至同一个会员,但是账单上的签名是不同的。经过核查,发现酒店员工将积分计入自己所持有的账户中。针对上述案例,确保所有账单均由客人签名,并保留全部签名,筛选重复出现的会员号码,同时抽查不同积分记录的原始账单签名是否一致。婚宴等大型活动积分的记录需要按照相关政策规定单独记录,注意不要与散客积分兑换规则混淆,以避免错误记录使酒店出现收入受损的情况。关注宴会合同中是否有会员号码,以避免宴会结束后出现因销售团队等申请补充协议而临时增加会员号码的情况。补充协议被认可的前提是盖对方公章且经过酒店内部审批确认。酒店会员积分审计控制要点如表1所示。

表1 酒店会员积分审计控制要点

控制项	关键控制点	控制方法
积分核算	录入系统	每月从系统中下载会员客户入住报告,关注TOP20
数据提取	会员名字、会员号、房价类型、折扣等	查询系统中三个月的会员客户入住报告及每日系统中的客户变更报告
高频会员	每月入住3次以上的会员	
账户持有	核查相同姓名链接不同会员号并且高频入住的记录	
会员号关联	核查同一会员号链接不同姓名的记录	

续 表

控制项	关键控制点	控制方法
特殊房价	最优可用房价	查询系统中三个月的会员客户入住报告及每日系统中的客户变更报告
积分兑换	入住客人与原始预定客人信息相符	每月从系统中下载会员积分兑换明细报告

2. 减免及押金退还审核

重点关注减免原因，在相关系统中写清减免原因。减免申请人员及相关审批权限人员逐级审批签字确认后的单据可以作为减免凭证，注明减免原因后附上合理的支持证明材料。若客人押金单据遗失，根据酒店政策规定，客人可以写清身份信息等，并写明"已领取退还押金"等信息，以免日后重复退押金，从而造成酒店损失。

二、结语

总之，酒店在前厅收入管控方面需要根据自身情况，结合业务特点，在财务日审人员与业务人员的同向协作下形成适合自身的有效管控制度流程等，同时吸取行业经验教训，防患于未然，为酒店收入和管控水平的提升不断努力，真正实现业财融合的价值创造目标。

参考文献

[1] 贾小平. 酒店收入的内部控制 [J]. 企业导报，2009（6）：59–60.

[2] 费真玉. 浅析加强酒店收入内部控制的方法 [J]. 时代金融，2018（6）：257，259.

[3] 邢磊清. 酒店财务工作中的会计核算及销售收入控制探讨 [J]. 产业与科技论坛，2020，19（6）：223–224.

[4] 谢靖. 酒店收入内控关键点与措施探讨 [J]. 会计师，2012（9）：52–53.

[5] 张鹏. 浅析如何加强酒店客房、餐饮收入的控制 [J]. 才智，2017（20）：248.

[6] 张雪梅. 星级酒店客房收入内部控制关键点及对策思考 [J]. 中国市场，2015（26）：91–92.

学生线上学习的调研与思考

——以中瑞酒店管理学院为例[1]

刘思含[2] 沈雷东[3]

摘 要：伴随着互联网的普及，在教育相关部门的支持下，线上教学给学习者带来了全新的体验。本文将围绕中瑞酒店管理学院展开调研，发掘线上学习对学院课程的影响，对比线上教学与传统教学，对线上学习进行进一步的探究。

关键词：课程 线上学习

线上学习是以网络为载体的学习方式，网络可以打破空间和时间的限制，更好地帮助教师与学生完成课程的教授与学习。本文主要围绕学生线上学习的情况展开，关注学生线上学习的体验，研究线上学习与传统学习的不同，为学校进行教学方式的改革提供参考建议。

一、师生积极应对线上课程的教授与学习

面对因特殊情况而无法正常返校上课的情况，学校与课堂派、智慧树等平台进行合作，开启了课程线上教学的模式，帮助学生完成课程学习。这种教学模式对教师与学生而言具备一定的挑战性，师生双方需要共同努力。

本文围绕学生线上学习的体验，针对本校学生课程的学习情况进行了调研，从基本信息、在线学习的准备过程，以及在线学习的效果等方面进行研究，完成了线上学习情况的初步整理。

---

[1] 收稿日期：2020年4月。
[2] 刘思含，中瑞酒店管理学院2016级学生。
[3] 沈雷东，中瑞酒店管理学院2016级学生。

（一）学生在线学习的情况

问卷调查的数据显示，70%的学生对学校的线上课程充满了期待，其中超过40%的学生认为线上课程的学习能够做到以学生为主体，引导学生进行主动探究、了解相关的课程知识点，完成学校安排的线上学习任务。学生通常会有4至6门、2至5小时的线上课程。与线下课堂教学相比，学生对直接连麦、弹幕、讨论区留言等互动方式充满了兴趣。经过梳理发现，大部分学生进行线上学习主要是为了取得学校的课程学分。

（二）教师在线授课的情况

为了让同学更好地完成课程的学习，尽可能地为学生答疑解惑，本学院的教师为线上课程做了充足的准备。根据学校的建议，在课堂派与智慧树合作平台上，教师设置了不同的公开课与选修课，并采用直播、录播、线上沟通等方式进行授课。对于课程考核，教师通过签到、周测试、期中测试、期末测试等方式进行考核，完成成绩的测评。

二、加强学生的线上学习体验

线上教学方式不仅是传统教学的改革，而且是教学方式的全新探索，给教师与学生带来了与众不同的课堂体验。

（一）学习主动性较高

在线学习的问卷调查发现，与传统的学校课堂教学相比，在线教学的出勤率相对较低，如图1所示，仅有60%的学生能够有效地完成课程的学习。线上教学的学习模式给予了学生自由学习的时间，但这也十分考验学生的自主学习能力。如果学生的自主学习能力较弱，那么在低出勤率的影响下，线上学习的时间不固定，学生就不能保质保量地完成课程的学习，学生的学习主动性就会受到影响。因此，学校可以考虑利用课堂派等软件进行数字签到，以提升课堂学习效率。

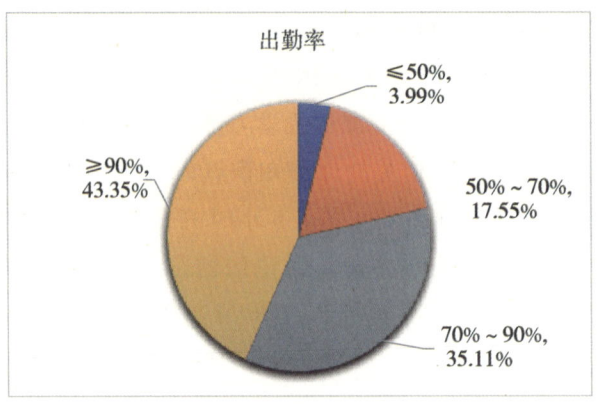

图1 在线教学出勤率
（数据来源：调查问卷）

（二）教学吸引力较强

本学院采用了课堂派、智慧树等网络平台，进行线上课程的讲解。从图2所示的调查问卷填写情况来看，课堂派上教师授课的形式多种多样。有的教师选择了视频授课，方便同学直观立体地了解学习课程；有的教师选择了PPT、电子资料等形式进行授课，方便学生自主学习。视频、电子资料等形式的授课方式吸引了学生的注意力，进而达到提高教学吸引力的目的。

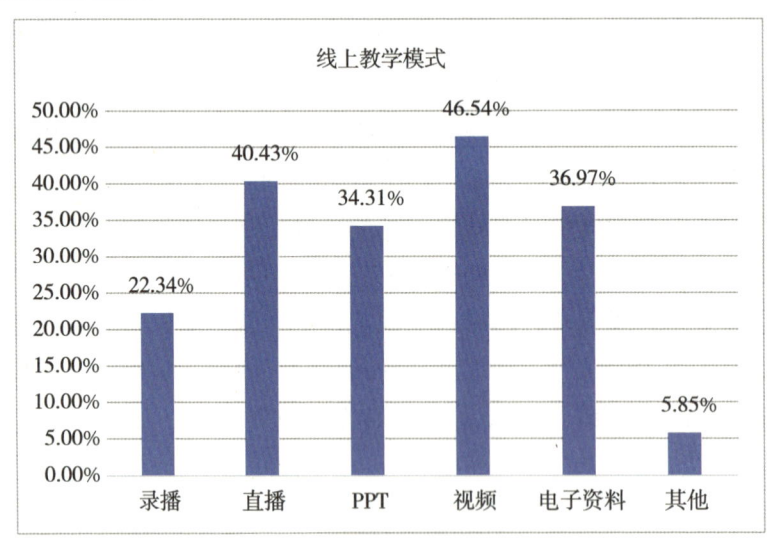

图2 网络课程教学形式
（数据来源：调查问卷）

（三）课程资料丰富

在课程资料方面，以笔者选修的中小企业线上营销课程为例。教师会在每周课程开始前，布置预习作业，通过课程的预习，学生可以充分掌握课程的重难点，同时教师可以了解学生的学习状态。课堂上教师以播放视频的形式教授知识点，并结合当下的热点事件，课后通过测试与布置作业的形式，不断推进学生学习。环环相扣的学习方式帮助学生更深入地理解课程的内容，增强了线上教学对学生的吸引力，并增加了与课程相关的资料，提高了学生的阅读量。

（四）检索资料能力提升

部分学生要出国留学，因此其对学习成绩有着较高的要求，教师在进行在线教学的时候，提供可选做的、额外加分的检索资料作业，帮助学生提高信息检索能力。表1所示的不同教学方式的优劣势对比发现，线上学习的个人作业较多，而小组作业较少。学校课堂教学的劣势是多数作业为小组作业，成员之间存在着"搭便车"的现象，因此需要提升学生自主搜索信息的能力。对于学生的课程学习情况、问卷调查的数据整理，以及课堂教学的感受，笔者梳理了如下清晰明了的表格，方便读者查看改进。

表1 线上学习与学校课堂教学优劣势对比

项目	线上学习	学校课堂教学
优势	互动方式增多 不受时间与空间的限制 增加学习趣味 调动学生主动性 可以重复进行课程学习 提高学生的自学能力 提高信息搜索能力	有强烈的学习氛围 师生互动交流方便快捷 教师关注度高 能够有效地进行面对面的交流 可进行小组活动

续表

项目	线上学习	学校课堂教学
劣势	信息量大，不易查阅 缺少课堂氛围 学生之间缺少互动交流 个人作业较多 学生自主学习能力有待提高 网络不稳定，存在卡顿现象	多数作业为小组作业 部分学生会"搭便车" 学习资料多为教师给予 未能锻炼学生自主学习能力

三、深度探索线上学习

为了增强线上教学方式的学习效果，学院的教师从课程的设置、资料的准备、成绩的考核方式等方面入手，做了充足的准备，帮助学生有效完成课程的学习。

（一）师生力求积极互动

学生填写的调查问卷结果显示，在线课程学习的互动形式多种多样，师生之间互动的方式十分灵活，如图3所示。大多数学生能够实时参加课程的学习，并与教师在课堂上进行互动，其中弹幕互动的方式最受学生喜爱。在课堂上，为了检测学生的学习效果，有的教师会选择随堂练习的方式，以此加深学生对课堂知识点的印象。问卷的调查结果显示，约8%的学生不喜欢参与课堂的互动。因此，在线上学习的过程中，教师需要关注此类学生的课程学习，让此类学生融入课堂氛围中。

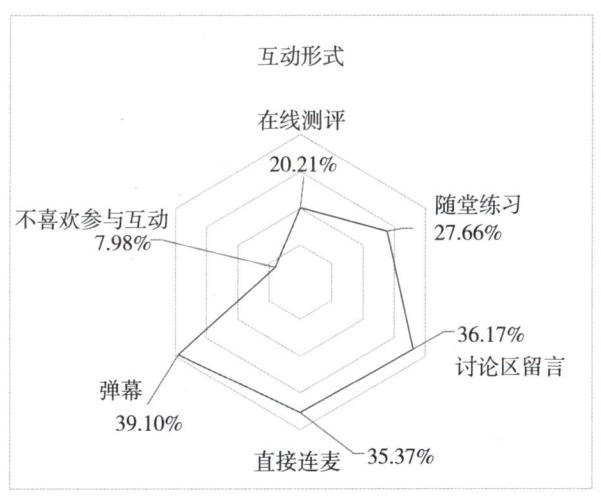

图 3　线上学习互动形式
（数据来源：调查问卷）

（二）科学考核学习效果

因线上课程的制约，现阶段的教学方式无法照搬线下课堂的教学模式，在课程学习效果的考核上，教师采取了多种方式。学生反馈和课程的成绩考核主要由签到、测试、个人作业与报告的形式组成。相比于学校课堂教学中的小组考核形式，线上课程的考核形式较为灵活，依靠学生的自主学习能力。科学考核学习效果如图 4 所示。

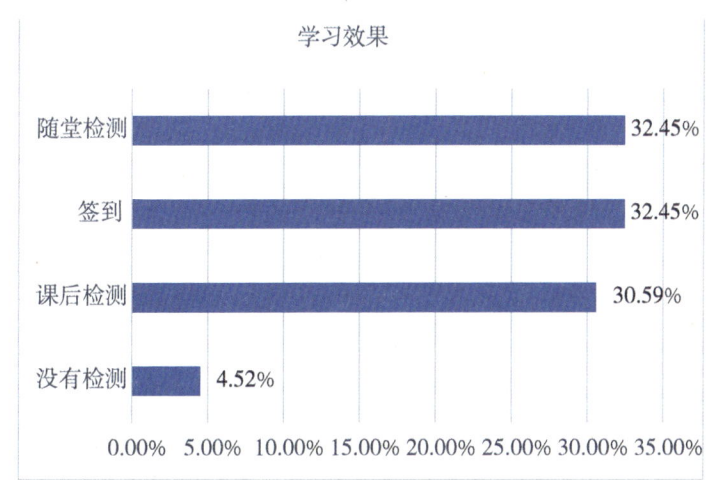

图 4　科学考核学习效果
（数据来源：调查问卷）

四、优化线上教学

现阶段的线上教学还存在着一些需要师生共同努力改进的地方,下面将提出几点可优化线上教学的建议。

(一)讲解课程重点

目前,线上学习相较于学校课堂学习,还存在着几点不足。例如,在线教学没有课堂氛围,学生自主学习,课程多为录播课,很难使学生充分把握课程的重点、难点。因此,针对这一不足,授课教师可以通过重复讲解课程重点,使学生加深对课程重点的理解。

(二)分享行业最新的案例

在线教学的问卷调查发现,课堂教学中约10%的行业动态可被线上教学替代,主要原因是分享的课程案例并不是最新的案例,未能激发学生的学习兴趣。教师可以在进行线上课程讲解的时候,分享行业出现的最新案例,这有助于学生了解行业的最新动态。线上教学替代的课程环节如表2所示。

表2 线上教学替代的课程环节

替代的课程环节	占比
行业动态分享	10.90%
课堂拓展	28.46%
案例分析	30.32%
知识讲解	25.80%
其他	4.52%

资料来源:调查问卷。

(三)线上课程与课堂教学相结合

在学校课堂教学中,学生也会对线上教学怀有期待,图5所示的问卷调查结果显示,约81%的学生认为线上学习的效果还可以。同时教师可采取线上线下课程教学相结合的方式,提升课堂效率。教师可以在课程开始前，为学生上传预习作业，帮助学生提前熟悉本节课的知识点，在课程讲解中，对于所讲的课程进行录像，课后通过课堂派等软件进行视频上传，以此帮助学生对以往的课程进行回顾复习。

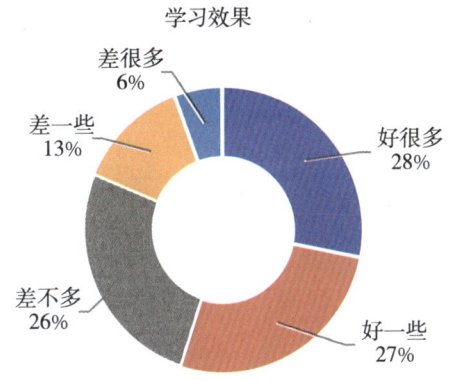

图 5　线上学习效果反馈

（数据来源：调查问卷）

在传统的学校课堂教学中，学生只能在课堂上请教师答疑解惑，无法突破时间与空间的限制，而在线上课堂教学中，学生如有疑问或不能自行理解的地方，可通过课堂派随时发起讨论，请求教师答疑解惑，不受时间与空间的限制，这不仅提升了学生的学习效率，而且加强了学生的沟通能力。线上教学给予了学生更多的思考时间，提升了学生的发散性思维能力，能够有效地让学生与教师进行讨论。因此，线上教学拥有着学校课堂教学无可比拟的优势。线上教学与课堂教学的对比如表3所示。

表3　线上教学与课堂教学的对比

比较项目	线上教学	课堂教学
课时	单科课时少，按选课核算	每科课时相同，学校分配课程
出勤率	≤ 60%	≥ 80%～98%
学习模式	时间自由，灵活度高	固定化
师生互动方式	直播互动、辅导答疑、在线问答、群聊	面对面互动提问、课堂派抢答、小组问答

续表

比较项目	线上教学	课堂教学
学习时长	2～5小时	4～8小时
思考问题的时间	长	短
作业分量/含量	多，个人作业较多	少，小组作业较多
学习资料数量	多	正常
学习的趣味程度	高	低

五、结语

国家始终为教育着想，利用便捷的互联网开展线上教学，对传统课堂教学进行改革，从而推动教育进步。

笔者希望此篇文章能够为中瑞酒店管理学院的线上教学提供帮助，帮助授课教师了解学生对线上教学的看法，同时为线上课程学习提供些许参考意见，及时改进相关不足，帮助教师提升教学效果，提高学生的课堂参与度，帮助学生提升学习的效率与自学能力，让学生体会到更加优质的教学。

参考文献

[1] 陈玲霞，廖喜凤.基于学习通的线上线下混合式教学[J].西部素质教育，2019，5（17）：99-100.

[2] 邱辰禧.网络环境下高等教育教学评价探索[J].中国成人教育，2019（18）：50-52.

[3] 徐晓丹，刘华文，段正杰.线上线下混合式教学中学习评价机制研究[J].中国信息技术教育，2018（8）：95-97.

[4] 柳华华.线上+线下，深度学习：关于中职数学混合式教学模式的思考[J].现代职业教育，2019（32）：12-13.

[5] 邱四豪.线上+线下混合式学习模式研究[J].现代职业教育，2018（1）：162.

VUCA 时代下，酒店业的"反脆弱"法则[①]

宋英杰[②]

摘　要：VUCA 时代下的酒店业经营环境瞬息万变，这使得酒店在"求生存"和"谋发展"两条赛道上举步维艰，呈现出收益止步不前、成本居高不下、客源一成不变、经营危如累卵的窘境。此时，"反脆弱"法则的出现给酒店业带来了希望，笔者顺势而为，运用整合思维、共享思维、黑客思维及创新思维直击酒店经营痛点，为酒店经营的可持续发展打通破局之路。

关键词：VUCA 时代　酒店业　反脆弱

酒店行业是一个环境敏感度很高的行业，无论是重大公共卫生事件的发生，还是政治、经济、气候等不可控因素的影响，都会给经营环境带来巨变，酒店行业则会遭受到不可逆转的打击，原本疾驰在发展"高速路"上的诸多酒店一时间又回归到了"求生"的轨道上。在此背景下，要想做到"以动制动"，整个行业必须擦亮双眼，重新审视这个悄然而至的崭新时代——VUCA 时代。与此同时，要想在冲击中受益，展现触底反弹的 V 字转型，酒店业必须践行"反脆弱"法则。

一、VUCA 时代对酒店经营的影响

VUCA 时代指的是变幻莫测的时代，是 volatility（易变性）、uncertainty（不确定性）、complexity（复杂性）、ambiguity（模糊性）的首字母之和。volatility（易变性）强调了酒店外部宏观和内部微观经营环境的变幻莫测，uncertainty（不确定性）揭示了事物发展的不可控性，complexity（复杂性）表明了因果链接的多样性及各因素之间互相牵制的

[①] 收稿日期：2021 年 4 月。修订日期：2021 年 6 月。
[②] 宋英杰，中瑞酒店管理学院教学事务部讲师，旅游管理硕士。主要研究方向：市场营销。

多变性，ambiguity（模糊性）描绘出事物之间关联的"去边界化"，上述四个不同维度阐释了酒店业的经营环境。

　　以辩证的视角探究VUCA时代对酒店运营的影响，它既是阻力也是动力，既是威胁也是机遇。VUCA时代带来的负面效应是不可预知的。酒店运营环境的未知变化给酒店的经营带来了巨大的风险和挑战，酒店需要随机应变，这无疑增加了经营的难度。VUCA时代带来的负面效应是不可把控的。酒店运营对其所处环境的敏感系数呈现指数级增长，原本预设的线性运营体系被非线性体系取代，这在无形之中增加了酒店运营的"试错成本"。VUCA时代带来的负面效应是不可复制的。任何一个时代的成功运营经验都无法供VUCA时代参照和借鉴，这使得酒店运营一直游走在破旧立新的边缘，从而大大降低了运营效率。VUCA时代带来的负面效应是不可分割的。对于"牵一发而动全身"的酒店运营体系，很难将其中某个或某几个环节单独割裂，逐渐模糊各个环节之间的定义和边界，这就冲击了之前那些非黑即白的运营标准，撼动了酒店运营体系的立足之本。正所谓"祸兮福所倚，福兮祸所伏"，VUCA时代带来的效应自然是瑕不掩瑜的。首先，树立危机意识，市场永远风云变幻，酒店危机防范及处理意识在该背景下应运而生；其次，催生Plan B意识，酒店运营中"脆弱体系"的不堪一击终将被未雨绸缪的临危不乱取而代之；再次，加强创新意识，墨守成规必然退出历史舞台，这是亘古不变的真理，酒店行业也是如此；最后，增强联动意识，单打独斗必定抵不过抱团取暖，这就推动酒店挣脱传统运营的桎梏，实施跨界联动等策略，从而使酒店得到更好的发展。

二、"反脆弱"法则

　　风会熄灭蜡烛，却能使火越烧越旺。随机性、不确定性也是一样：你要利用它们，而不是躲避它们。你要成为火，渴望得到风的吹拂。"反脆弱"这个概念来源于塔勒布的著作《反脆弱：从不确定性中受益》。任何行业、领域的脆弱性不可避免、无法消除，与其坐以待毙，静等其消退，不如绝地反击，从冲击中获益，在波动中变得更强大，这就是"反脆弱"的精髓。对于酒店行业，VUCA时代对酒店人提出了更高的标准和要求，践行"反脆弱"法则，这有助于酒店在波动性、随机性、混乱、风险性和不确定性的经营环境中，茁壮成长。

三、酒店业的"反脆弱"法则

（一）"反脆弱"之加法法则——整合思维

收益是酒店赖以生存和发展的生命线，其因易受到各因素的干扰和冲击而变得很脆弱。运用"反脆弱"法则之加法法则，通过资源整合增加产品可选择空间，使得酒店张开双臂拥抱变化和波动。

（二）"反脆弱"之减法法则——共享思维

一直以来，酒店成本和费用的"瘦身运动"从未停止，各项成本的降低导致差评如潮，得不偿失。如何将大量的、闲置的资源进行重构，从而降低运营成本，是每个酒店人都需要深思的问题。以共享思维为酒店运营中的成本费用做减法的做法由来已久，共享布草、共享拖鞋、共享员工等刷新了成本管理的认知。共享思维打破了运营过程中人物配置的"脆弱点"，即按照酒店实际运营进行标准的最低配置，对于超出标配资源的需求，通过"共享"方式实现，如此一来资源的闲置不会造成固定成本持续走高，在最低的固定成本基础上根据酒店实际运营状况调节变动成本。共享思维的践行需要提前行动，运筹帷幄。首先，确定共享资源，每个酒店所处环境不同，共享资源的获取不尽相同，酒店需要因地制宜；其次，确定"反脆弱点"，即各资源标准的最低配置，与此同时要在运营中不断磨合和调试；最后，加强与提供共享资源的第三方之间的往来，一方面实现"共享"链条的无缝衔接，另一方面从侧面预知市场动向。

（三）"反脆弱"之乘法法则——黑客思维

新客户的挖掘、忠诚客户的培养一直是酒店增收的关键点。为了打通酒店与客户关系的"任督二脉"，销售人员"各显神通"。然而，再严密的拜访计划也会被气候变化、被访者日程变化等各种无法预知的突发事件干扰。在无法保证拜访效率的基础上，效益自然不会有日新月异的改观，于是这种"点对点"的销售思维逐渐被"点对面"的黑客思维取代，即嫁接渠道，以对抗突如其来的销售不确定性。在这个过程中，要想追逐效益和效率的双丰收，必须关注渠道的选择和嫁接，OTA渠道的产量饱和促使酒店业加快了搜寻更为有效的线上平台的步伐。意大利经济学家帕累托提出的二八原则强调，酒店要关注带来 80% 收益的 20% 客人，聚焦给酒店带来 20% 收益的 80% 的客户量。于是直客通、金房卡等"长尾营销"策略异军突起，它们助力酒店运用现有流量重构酒店直销平台，一方面，对酒店现有客户资源进行整合，对现有客源起到了促进复购的作用，摆脱了对在线旅游平台的依赖；另一方面，在客户的复制和裂变营销方面，通过提高员工传播的吸引力和客户传播的推动力，促进客户数量的积累。依据各酒店实际情况，进一步挖掘能够提升酒店直销效益和效率的线上平台，值得一提的是，VUCA 时代黑客思维下销售渠道的搭建及有效性的评估非一朝一夕之事。

（四）"反脆弱"之除法法则——创新思维

如何运用创新思维使得运营风险和管理难度呈指数级降低，是酒店业亟待解决的难题。各酒店及管理集团利用人工智能打造的无接触服务使得酒店行业的创新思维再一次走进大众的视野。以此类推，酒店行业的创新思维无时无刻不在刷新大众的认知，从最初的 OTA 运营模式到物联网技术的运用、智慧酒店的盛行，再到虚拟现实技术和增强现实技术的广泛应用，这些创新都解决了酒店运营中的难题，规避了酒店运营依赖人为主观操作的"脆弱点"，取而代之的是更加客观、便捷、高效的方式。《荀子·劝学》中有云："君子生非异也，善假于物也。"酒店行业也是如此，借助前沿且行之有效的技术，解决运营过程中的难题，这是真正消除管理障碍的有效方式。VUCA 时代消除人为因素的干扰，降维打击运营风险和管理难度，这才是酒店真正增效的捷径，而在此过程中酒店所做的一切储备都是值得的。

四、结语

酒店行业之脆弱显而易见，在脆弱面前低头是脆弱无能的表现。酒店人从来都是逆势而上的勇士，敢于直面 VUCA 时代小概率、非规则事件的挑战，走出一条酒店行业特有的"求生存"和"保发展"的并轨之路。相信"反脆弱"的自保法则会为酒店业保驾护航，同时会作为一个支点，撬动充满未知的未来。

第五部分

Health 和 Happiness——持续发展篇

浅论大学英语课堂中激励教学的运用[①]

张伟才[②]

摘　要：本文分析了激励教学在教学中的重要作用，即合理运用激励教学法，可以激发学生的学习积极性，提升学生的课堂参与度，提高他们的学习效率。学生需要积极参与大学英语课堂教学活动。教师可以从学生的学习兴趣、学习成就及课堂情感三个方面开展激励教学，遵循公平、灵活、个性化的原则，做到因人而异、因势利导，灵活综合运用各种激励教学方法，最终激发学生学习英语的兴趣和主动学习英语的意识。

关键词：大学英语课堂　激励教学　学习兴趣　学习成就　课堂情感

　　激励教学，即在教学过程中对学生的学习积极性进行激发和鼓励，主要对学生的学习动机和学习兴趣进行激发诱导。激励教学重在对学生的主动学习意识产生积极影响，进而由意识带动学习行为，最终产生好的学习效果。大学英语教学课堂旨在帮助学生积极学习和掌握大学英语知识和技能。大学英语教师不仅要完成英语语言知识与技能的讲授，而且要引导学生在课堂内外积极主动地学习和使用英语，努力实现外在推力驱使向内在动力激发的转变。因此，一名优秀的大学英语教师不仅应具备扎实的语言知识功底，而且应具备良好的课堂组织和呈现能力，掌握丰富多样的教学激励手段，这样才能打造有活力的课堂，激发学生的主动学习意识。

　　大学英语课堂教学可采用的激励方法较多，但最终目标都是激发、影响和塑造学生的主动学习意识。笔者认为学习兴趣、学习成就和课堂情感是影响学生主动学习意识的主要因素，因此本文探讨的教学激励策略和方法主要围绕这三方面进行。

[①] 收稿日期：2021年9月。修订日期：2021年10月。
[②] 张伟才，中瑞酒店管理学院讲师，外国语言学及应用语言学硕士。主要研究方向：英语教学，跨文化交际。

一、学习兴趣激励

学习兴趣是决定学生学习积极性的重要因素之一，没有兴趣的学习是低效且枯燥的。孔子曾经说过："知之者不如好之者，好之者不如乐之者。"孔子的观点阐释了有兴趣且享受学习的人是最好的学习者。乌申斯基说："没有任何兴趣而被迫进行的学习，会扼杀学生掌握知识的意愿。"有兴趣的学习者能够更加投入学习当中，具有较高的学习效率。

在大学英语课堂上，如果学生的学习兴趣较高，那么其在课堂上的知识接受度和活动参与度会较高，课堂的气氛也会较为活跃，容易带动学生的整体学习积极性，教学效果和学习效果也会较为出色。因此，大学英语教师应该高度重视激发学生对课程的学习兴趣。学生的英语水平可能参差不齐，兴趣也不同，因此教师在激励学生学习兴趣方面需要灵活使用多种方法。

（一）设计教学内容，契合学生兴趣

大学英语教师应设计契合学生兴趣的教学内容，满足学生的好奇心。好奇心是人类求知的最原始的内在动力。每节课的内容对学生的吸引力各不相同，但教师在备课过程中可围绕每节课的主题增加能够引起学生兴趣的新奇内容，让学生上课入迷，调动起学生的内在求知动力。

（二）丰富教学形式，调动学生兴趣

单调的教学形式容易让学生在英语课堂上产生疲劳感，不断变化的教学形式则能够带给学生新鲜感，从而让学生保持学习兴趣。因此，在教学内容的呈现形式上，大学英语教师要做到形象生动，增强学生的参与感。教师应运用多元教学手段，通过游戏竞赛等不同的教学内容呈现形式，激发学生的学习兴趣。

（三）利用学生需求，激发学生兴趣

当下，大学生出于未来找工作或继续深造学习的考虑，大多想要考取英语四六级或雅思、托福等英文水平的证书。这样的生存需求会激发学生对英语学习的原生动力。教师应充分利用学生考级考证的学习动机，将其未来的需求转化为课堂上的学习动力。在课堂上，教师可适当兼顾

学生对该方面知识和能力的需求，讲解相关语法知识或词汇，利用其内在需求激发学习兴趣。

二、学习成就激励

美国心理学家詹姆斯认为，人性最深刻的原则就是希望别人对自己加以赏识。人在不受激励的情况下仅能发挥 20%～30% 的能力，而受到激励时能发挥 80%～90% 的能力。学习成就是学生在学习过程中所取得的收获和进步，是学习的成果和付出努力的回报，也是学生提升自我的认可。没有成就的学习是徒劳的，是无法持续进行下去的，同时会削弱学生对该课程学习的信心，进而产生挫败感。教师对学生学习成就的认可非常重要，这种认可会影响学生学习英语的积极性和持续性。成就感是人在社会生存中通过他人的认可进而确立的自我认可。学生在课堂上的成就感主要通过学习成绩、活动表现和教师认可获得。在大学英语教学中，教师应努力使学生提升成就感，实现学习信心的提高和学习积极性的持续。在大学英语课堂上，教师应采取多种形式对学生进行成就激励，积极认可学生的小成就，进而激发其学习兴趣。

大学生已形成独立的人格，需要外界的不断认可，从而实现自我认可。在课堂上，教师应对学生的问题回答和活动表现采取肯定式认可反馈，避免否定式反馈。对于问题回答得较好的学生，可使用"Well done""Good job"等高度认可的反馈句型；对于问题回答得一般或稍差的学生，可使用"Good, you can do better. I expect your better answer next time."等积极句型，即认可学生的回答，鼓励学生继续努力，表达对学生的期待。教师也可适当使用肢体语言，通过鼓掌等形式对学生进行肯定，逐步增强学生的课堂成就感，激励学生参与其中。

完成一项任务便是达成一项成就。在大学英语课堂上，教师可采用任务型教学方法，设置不同的学习任务，让学生不断通过完成任务积累成就感。通过设置不同的课堂学习任务，如小组讨论、角色扮演、汇报学习成果等，激励学生参与课堂，而每一项任务的完成及教师的肯定反馈都会增强学生学习英语的成就感，激励其持续积极学习。

三、课堂情感激励

情感是影响人工作或学习效率的重要因素。在大学英语课堂上，学生对课堂的情感会影响其学习的兴趣和主动学习的意愿。课堂的氛围、课堂的管理和教师的亲切度直接影响学生学习的舒适度和积极性。活跃的课堂氛围能够有效带动学生的学习积极性，公平民主的课堂管理容易让学生感受到尊重和平等，亲切和蔼的教学态度能够拉近师生距离，减小学生因师厌学的可能性。因此，教师在激励学生学习英语方面，不可忽视课堂情感的激励。

（一）打造活跃欢快和公平民主的课堂氛围

良好的学习氛围是激发学生学习英语的有效方法。教师应努力打造积极活跃的课堂氛围，综合运用多种教学手段，除了讲授知识外，还可以组织具有创意的角色扮演、情景对话、发散性思维问题的探讨分享、PPT制作汇报、课堂小游戏等课堂活动。课堂活动能让学生参与大学英语课堂的学习环节，活跃课堂气氛，激发学生的学习积极性。大学英语教师应打造以学生为中心的课堂模式，发挥学生的课堂主体性和积极性，让学生享受学习，感受英语课堂的愉悦。

教师应营造公平民主的课堂学习环境。大学生在意识上具有较大的独立性，比较抵触他人的强制意愿。因此，在大学英语课堂上，教师应该充分尊重学生，公平对待每一位学生，多倾听学生的想法和需求，做到课堂民主。

（二）保持严谨亲切的授课态度

教师应在课堂上保持认真严谨且亲切宽容的授课态度。过于认真严谨的态度会让课堂氛围变得紧张，甚至削弱学生的学习积极性。亲切和蔼的态度会让学生感到放松，容易与教师互动。学生出现不当行为时，教师应控制情绪，展现宽容的态度，对学生多加鼓励，帮助其进步。笔者在教学过程中发现，许多学生的英语基础不太扎实，在课堂发言环节经常出现错误，如果教师严肃地指出学生的错误，学生往往会因畏惧而不主动发言；如果教师用较为亲切或幽默的方式指正学生的错误并对其发言的其他部分多加肯定，学生往往能较好地接受和改正，并在后续课堂上表现积极。需要注意的是，教师对学生的违纪等行为应时刻保持严谨态度，晓之以理，并认真对待。教育不仅是知识技能的传授，而且是人格品德的培养。

四、结语

激励教学是教学过程中不可缺少的重要组成部分，是一个复杂的过程性学习心理激发行为。积极使用教学激励方法，这有助于大幅度调动学生学习积极性，增进学生的学习兴趣和学习信心，创造活跃的课堂教学氛围和融洽的师生关系。对于英语课程，大学生如不能产生兴趣并积极投入英语学习中，其学习效率可能会相当低下，甚至产生厌学情绪。在大学英语课堂中，教师应综合运用教学激励策略和方法，遵循公平、灵活、个性化的原则，既要激励所有学生，也要充分了解不同学生的心理状况，做到因人而异、因势利导，最终实现激励学生积极主动学习英语的目标。

参考文献

[1] 张大钧.教育心理学[M].3版.北京：人民教育出版社，2019.

[2] 王守仁，文秋芳，金艳.全国高校大学英语教学发展研究理论与实践[M].北京：外语教学与研究出版社，2014.

[3] 章芸.激励性评价在大学英语课堂教学中的运用[J].吉林农业科技学院学报，2016，25（4）：101-102，116.

[4] 李静.大学英语课堂大学生学习动机激励策略分析[J].青春岁月，2016（9）：150.

[5] 柯文娟.大学英语教师激励性口头评价对课堂师生互动影响的实验研究[J].英语教师，2019，19（17）：6-8，17.

[6] 赵宇飞.基于组织社会化视角的大学生课堂参与激励研究[J].教育观察，2018，7（7）：20-24.

大学生跨文化交际能力的培养探析

——以中瑞酒店管理学院高级英语课程为例[1]

杨静[2]

摘　要：开展语言教学的本质目的是让学生灵活运用目标语言，与他人进行沟通和交流。学生具备良好的英语应用能力，并能在跨文化交际中体现良好的人文素养，一直是中瑞酒店管理学院人才培养目标之一。高级英语课程的目的在于强化学生的跨文化意识，从而进一步提升其英语语言的交际能力。本文围绕这方面内容进行分析与探究，总结高级英语教学中跨文化交际能力培养的必要性，并针对当前教学面临的问题，提出一系列针对性的跨文化交际能力培养策略。

关键词：高级英语　英语教学　跨文化交际能力

语言和文化是密不可分的，语言是文化的载体，同时语言的传播对文化的发展有着很大的推动作用。学习一门语言时，需要掌握该语言背后的文化，并且了解该国家的文化底蕴。在大学英语学习中，增强对英语国家文化背景的了解，真正实现跨文化交际。跨文化交际能力是指具有不同语言和社会文化背景的人，在较强的跨文化意识和敏锐的文化洞察力的驱使下，能够相互交流的能力。

一、高级英语教学中跨文化交际能力培养的必要性

中瑞酒店管理学院院针对大四学生开设了高级英语课堂。高级英语课程主要培养学生的跨文化交际能力、思辨能力、批判性思维能力、创

---

[1] 收稿日期：2022年11月。
[2] 杨静，中瑞酒店管理学院教学事务部副教授，语言学硕士。主要研究方向：商务英语，英语教育。

造力、团队合作能力、领导力等。本文主要针对学生跨文化交际能力的培养展开论述。

本课程以学生为中心，培养学生跨文化交际能力，为酒店管理行业相关问题提供具有创新性的解决方案。这也是雇主在潜在员工身上寻找的最宝贵的技能之一。学生需要在培养跨文化交际能力的过程中有针对性地解决案例酒店中的问题，在解决问题的过程中提升专业的表达及沟通技巧。简而言之，学生会乐于用英语表达自己的想法，也会对不合逻辑的想法提出自己的修正建议。

（一）有助于激发学生的英语学习热情，提升学习效率

在高级英语教学中融入跨文化交际的内容，让学生在学习英语、掌握语言技能的同时了解中西文化的差异，提升学习英语的热情，提高灵活运用英语的能力，减少跨文化交际中的障碍。教师在跨文化教学过程中，能够为学生讲述很多生动的案例，让学生感受文化的魅力，这有助于提高学生自身的修养，提升学习效率。

（二）有助于提升学生文化素养，拓宽国际化视野

在酒店日常工作中，工作人员经常会接触到外国人。具有较强文化交流能力的学生，可以更好地适应职业需求。他们在与外国友人的交流沟通中接触了英语文化，较深地理解了中西文化的差异，自然容易换位思考，以英语思维与外国友人交流，提升了沟通效率。这样既满足了客人的需求，又能运用外国人容易理解的语言，准确、生动地向客人介绍中国文化。

二、高级英语教学中跨文化交际能力培养思路和实践

（一）增强学生跨文化交际的意识，它培养跨文化交际的能力

跨文化交际能力包括语言能力和文化能力，它要求学生能够在不同的情景中扮演不同的角色，处理各种人际关系。除此之外，它还要求学生对不同语言背后的文化差异具有高度敏感性，了解目标语言背后的文化和价值观。例如，在高级英语这门课程中，第一单元的主题就是跨文化交际，主要给学生展示了20张关于中西文化差异的图片，让学生以小

第五部分　Health和Happiness——持续发展篇

组为单位讨论以下问题：中国文化与西方文化之间的不同之处有哪些？两者的交会处在哪儿？这些交会处的范围有多大？两者之间的相同之处有哪些？如何通过双方的沟通扩大相同之处、缩小不同之处……学生以小组为单位分享各自的观点。在课堂上每个小组派代表分享在实习过程中自己遇到的跨文化交际案例，并用所学的理论分析这些案例，在交流中深化自己对中西文化差异的认识，从而能自然地运用英语思维与外国友人沟通，达到最佳的交流效果。

（二）利用新媒体，提供跨文化学习的机会

新媒体传播快、互动性强，已融入学生的日常生活中，为学生的学习提供了很大的便利。充分利用新媒体平台搜集适合教师教学和学生学习的资料。为学生推荐并建立"跨文化交际新媒体资料库"，给学生提供丰富的新媒体"菜单"。教师可以每周邀请学生在课堂上用英语分享学习体会和心得，循序渐进地提升跨文化交际水平。

（三）提升授课教师自身的跨文化教学能力

要想使学生提高其跨文化交际能力，高级英语的授课教师应该提升自身的跨文化教学水平和能力，系统地学习跨文化交际领域的理论，阅读跨文化交际领域的著作，以达到英语知识技能教学和跨文化教学的有机结合。教师要注重教学理念的更新，讲述语言背后的文化内涵。在课堂教学中教师要关注中西文化差异的内容，引导学生探索语言背后的文化内涵，达到高级英语课程的授课目的。教师需要根据学生的英语基础进行教材的制定，增加学生跨文化交际能力培养的内容，帮助学生拓宽国际化视野，增强跨文化交际意识，提高人文素养，为知识创新、潜能发挥和全面发展提供基本工具，为迎接全球化时代的挑战和机遇做好准备。

（四）创设情景，营造跨文化交际氛围

传统的英语教学方法是教师讲授知识点、学生被动地接受。这种教学方式单一、缺乏互动，影响了学生的学习积极性，不利于学生跨文化交际能力的提高。因此，教师需要积极创设情景，为学生营造文化交际的氛围，鼓励学生突破他们的思维定式。

首先，让学生置身于创设的英语环境中，并且不断地将课堂上学习的文化知识应用在实践中。其次，为学生构建听说交流平台，经常举办相关的文化活动。例如，定期举办线上和线下的英语角，邀请外籍教师和学生面对面进行交流，这种交流方式能够为学生带来更多的英语学习机会。让他们充分了解西方文化及中西文化差异，增强他们的跨文化交际意识，培养其跨文化交际能力。中瑞酒店管理学院每年都会邀请学生参加北京高校学生英语跨文化交际能力竞赛，并在学校进行初赛，通过参与竞赛，学生不仅能够积累跨文化交际的相关知识，而且能大幅度提高语言输出能力。

三、结语

跨文化交际能力的培养是高级英语课程的重要组成部分，跨文化交际能力对学生未来职业发展具有现实意义和长远影响。本文为学生跨文化能力的培养提供了具有可操作性的建议和实施路径。教师需要对学生进行正确的引导，搜集教学素材，丰富教学内容，创新教学方法，改革教学模式，激发学生跨文化学习的热情，促进中瑞酒店管理学院英语整体教学改革的良性发展。

参考文献

[1] 靳芸菲. 谈大学生跨文化交际能力培养在英语教学中的应用 [J]. 才智，2020（4）：76-77.

[2] 肖建平. 大学生双向跨文化交际能力培养探析 [J]. 青少年学刊，2020（4）：54-58.

[3] 赵伟. 大学英语教育中的跨文化交际能力培养策略 [J]. 黑龙江高教研究，2016（5）：142-144.

[4] 刘玮，杜景芬，高月琴. "文化走出去"背景下英语教学中跨文化交际能力的培养 [J]. 教育与职业，2016（1）：118-120.

[5] 郑华. 大学英语教学中跨文化交际能力的培养探讨 [J]. 百科论坛电子杂志，2020（9）：1164-1165.

行为改造激励理论在华尔兹教学中的应用探究[①]

孙晓艺[②]

摘　要：00后进入大学课堂，其个性鲜明、自主学习能力强、抗挫折能力弱等特点使得以"挫折教育"为主的教学方法受到很大挑战。合理运用激励机制，对华尔兹课堂的教学组织进行管理，激发学生的学习积极性，从而达到预期的教学目的。本文从激励的必要性、激励理论和激励的方法三个方面阐述激励机制在华尔兹课程教学中的应用。

关键词：行为改造激励理论　华尔兹课程

行为改造激励理论从提出到实践验证获得了显著的成果，并在课堂教学实践的过程中得到了丰富和充实。本文基于激励理论在传统体育课中的应用研究并结合华尔兹课程的特点，对酒店所需人才培养进行研究。行为改造理论能营造良好的课堂氛围，良好的课堂教学管理在很大程度上能够为教学方法的实施提供保障，为教学组织的顺利进行打好基础。提高华尔兹课堂教学管理效率，从而更好地达到课程教学目标，培养气质与能力兼备的酒店业优秀人才。

一、学生群体的特点

00后大学生与以往任何时期的学生都有很大不同，其成长环境、受教育方式等对其思维方式、生活方式、娱乐方式都产生着深远的影响。他们的父母受教育程度普遍较高，对孩子的教育方式体现出平等、尊重、开放、互动，而不是传统的"棍棒教育"，这就让传统的"挫折教育"方式很难适用于他们的发展。与"挫折教育"相反，在一定的条件下，教师给予适当的激励，这能够激发学生学习的主动性和积极性。

---

① 收稿日期：2019年11月。修订日期：2019年12月。
② 孙晓艺，中瑞酒店管理学院教学事务部讲师，教育学硕士。主要研究方向：体育。

二、华尔兹课程的特点

(一) 鼓励邀请舞伴

在华尔兹中，男士邀请女士跳舞。然而，在教学过程中，经常会出现不管教师怎样引导，就是没有男生主动邀请女生的情况。此时，教师就需要运用合理的激励方法，调动学生的积极性，帮助其克服羞涩的心理。

(二) 鼓励协调配合

华尔兹是由两个人配合完成的舞蹈，与单人运动项目相比，它更强调两人的协调配合。每个人的运动能力和接受能力各不相同，这就可能造成相互配合的两个人学习速度不同。接受能力较强的学生很快就能掌握所学舞步，而协调性较弱的学生就会很费力，在这种情况下，教师就需要激励接受能力较强的学生有耐心地带领舞伴，并且在协调性较弱的学生有了进步后及时给予肯定和鼓励。

三、行为改造激励理论在华尔兹教学中的应用

(一) 激励的含义

所谓激励，是指人类活动的一种内心状态。它具有加强和激发动机，推动并引导行为朝向预定目标的作用。通常来说，一切内心要争取的条件，包括欲望、希望、需要、动力等都构成了激励。

(二) 激励理论

自 20 世纪 20 年代以来，国外许多管理学家、心理学家和社会学家从不同角度对激励问题进行了研究，并提出了相应的激励理论。学者通常把这些激励理论分为三大类，即内容激励理论、过程激励理论和行为改造激励理论。笔者运用行为改造激励理论对华尔兹课程教学进行管理分析。

1. 积极强化学生正向行为

(1) 学生积极练习并取得进步时，应积极强化其行为。例如，在本学期某节华尔兹课上，一位男生看上去很内向，让他优先邀请舞伴时，他犹豫了很久才走到一位女生的面前，非常没有自信地伸出了手，所幸

这位女生没有拒绝他。在此后的课堂上,教师很担心他和他的舞伴,经常关注他们。一开始,两个人还能正常练习。在第三次课上,当学生自主练习时,只见他的舞伴双手抱在胸口,气鼓鼓地垂着头,而他则在一旁手足无措地站着。于是,教师就走了过去,问他练习得怎么样了,他尴尬地笑了笑:"老师,我不会……"说罢,望向旁边的舞伴,眼神里充满了歉意。教师说没关系,并亲自引领这位男生跳。于是,教师开始一步一步地引领他,他的协调性确实不好,但是学得非常认真。经过一番"苦练"后,他掌握了步伐,在这个过程中,教师一直鼓励他,经过练习后他的步伐越来越顺畅,教师趁机让他引领舞伴一起练习,经过很多次的练习后,他们能够顺畅地完成一个舞步组合。教师给予他们肯定和赞扬,两个人脸上都露出了笑容。

做课前小结时,教师又一次在全班同学面前表扬了他们两个人的进步,同学们也给予了他们鼓励的掌声。那节课以后,他们开始主动向教师询问不明白的地方,直到弄清楚为止。现在他们的配合已经很默契。

德国教育学家第斯多惠说过:"教学艺术的本质不在于传授本领,而在于激励、唤醒、鼓舞。"

当一个人的行为得到认可和称赞,尤其是意料之外的认可和称赞时,其内心会有非常强烈的满足感,并且为了持续得到认可和赞扬会不断重复这个行为,在这个过程中,其能够克服内心不利因素,培养自信心。教师要做的就是发现需要激励的学生并给予合理的肯定。

(2)学习能力强的学生给予别人帮助时,应积极强化其行为。00后大学生成长在互联网时代,擅长从互联网获取信息。有的学生学习能力强,能够提前通过网络完成教师留下的作业,并在课堂上很快熟练掌握所学知识。教师可以鼓励他们帮助需要辅导的学生,有的学生在辅导别人的过程中会加强知识记忆,而有的学生会忘记并教错内容,这时就需要教师及时发现问题,纠正偏差,并且多表扬他们,使其建立自信心,避免在他们的"学生"面前"丢面子"。对于特别优秀的学生,教师可以在学期中授予"课堂小助教"的身份,鼓励他们努力学习的同时帮助别人。

(3)学生主动在同学面前表现自己时,应积极强化其行为。华尔兹是一门表演课程，愉悦身心的同时能展现男士的魅力和女士的优雅。勇于在众人面前展示自己也是华尔兹教学的一个重要目标。

讲解分解动作时，教师可以邀请一位同学配合做示范，不要指定名字，而要把目光投向所有学生，同时伸出手。一开始的时候，会出现没有人回应的情况，不善于表现自己是很多学生的特点，对此教师要有耐心。这时，教师可以适当加以"物质"奖励，如通过增加平时分数等方式引导学生主动展示自己。在示范过程中，不断地对其肯定和鼓励，学生会觉得与教师的配合不仅能加分，而且可以很快地学会知识。实践证明，这个方法切实有效。第一个学生得到奖励之后，就有多名学生争先恐后地与教师配合示范。

2.惩罚学生负向行为

虽然积极强化能够调动学生学习的积极性，但是对于某些违纪行为必须采取适当的惩罚措施，奖惩并举，做到公平、公正。

华尔兹课堂上有两种情况要用到惩罚措施：迟到和不积极练习。

（1）迟到。在学期初就制定相关惩罚措施，在执行的过程中要做到公平地对待每一位学生，不能因为某位学生成绩优秀就对其网开一面，希望该学生会自觉遵守纪律，这样不仅会助长其继续迟到的行为，而且对其他学生十分不公平。

（2）不积极练习。不积极练习的学生可以分为两大类，一类是自以为已经掌握所学知识的学生，另一类是认为自己怎么也学不会的学生，对于这两类学生，教师要采用"积极性惩罚"的教育方式。

对于第一类学生，学生自主练习一段时间后，让他们当众展示舞步组合，当他们无法顺利完成时，指出存在的问题，并强调认真练习的重要性。在受到这样的"积极性惩罚"后，学生通常能够认识到自身问题，并且积极投入练习。这样的措施看似是惩罚，其实是督促。

对一个班级而言，每一位学生都是独立的个体，没有天生的差生，只有学习速度不同的学生。因此，对于第二类学生，教师需要付出更多的时间和耐心，辅导他们达到课程目标。

四、其他激励方法的探索

激励方法有物质奖励、精神鼓励等。在华尔兹教学中应用最多、最有效果的是精神鼓励。

(一) 物质奖励

在华尔兹课堂上,教师很少用分数鼓励学生。只有在非常突出的事件中,教师才会给学生加分,而且分数有严格的控制,学生的成绩是要经过努力后才能获取的,如果轻易加分,就会削弱成绩在学生心中的神圣地位。

(二) 精神鼓励

精神鼓励是华尔兹课堂应用最多的激励方法。学生主动回应了教师提出的问题后,教师及时给予关注,并用"对""很好"给予肯定;部分学生作为"小助教"辅导同学时,教师要及时对他们的工作给予肯定,如采用"你用这样的方法让他们对舞步有了清楚明了的认知,真棒!"的话语对其进行赞扬;受到"积极性惩罚"的学生取得进步后,教师及时用"多用心练习舞步,相信以后会更加完美"的话语对其进行表扬。教师不能简单地只说一句"非常棒",而是要具体到行为,这样学生的学习行为就会得到强化,学生不断进步。

五、结语

行为改造理论是激励理论中的一种,它为华尔兹课程教学带来许多启示。实践证明,华尔兹课程教学需要激励理论等管理理论的指导,教师结合课程特点和授课对象特点,对课堂进行有效管理,更好地对待个体差异,因材施教,调动学生的学习积极性,增强自信心。

教师要积极研习先进的教学管理理念,勇于创新与实践,将激励方法与教学内容、教学手段、评价方法有机结合,从而提高课堂的教学效率,构建和谐课堂,最终实现培养具有"尊重、专业、责任"核心价值观的酒店业优秀人才的目标,这也是本课题深入研究的目的。

参考文献

[1] 王绪君. 管理学基础 [M]. 北京：中央广播电视大学出版社，2001.

[2] 第斯多惠. 德国教师培养指南 [M]. 袁一安，译. 北京：人民教育出版社，1990.

[3] 张德. 管理学是什么 [M]. 北京：北京大学出版社，2006.

[4] 黄忆，桂仕楠. 典雅华尔兹 [M]. 成都：成都时代出版社，2007.

[5] 王海建. "00后"大学生的群体特点与思想政治教育策略 [J]. 思想理论教育，2018（10）：90-94.

[6] 施倍华，章步霄，周兰. 瑜伽与体育舞蹈 [M]. 北京：中国书籍出版社，2018.

[7] 黄倩. 大学体育课堂管理策略研究 [J]. 考试周刊，2016（16）：97.

[8] 徐栋. 体育课堂教学管理中的内容型激励理论探究 [J]. 教学与管理，2013（15）：111-113.

高校女生参与瑜伽训练的积极影响研究[1]

刘倩哲[2]

摘　要：随着教育改革不断深化，素质教育全面推进，各高校为丰富大学生体育课程种类，先后进行了形式多样的改革，广泛开展丰富多样的休闲体育、保健体育课程，瑜伽作为当下流行的运动项目之一被列入体育课的选修课程。相对于传统体育课程单一、枯燥的训练，新鲜学科的出现颇受高校学生尤其是女生的喜爱，系统的瑜伽课程教学及长期训练发现，瑜伽对当代高校女生的积极作用不容小觑，她们在心理层面、精神层面、身体层面皆受益明显，这确证了该项运动的科学性、合理性、必要性。

关键词：高校　瑜伽　积极　科学性

瑜伽起源于印度，但其核心思想始终契合着中国悠久历史文明发展中诸多圣贤的哲学精神，无论是形成于上古时代的《黄帝内经》中强调的天人合一思想，还是老子《道德经》中"致虚极，守静笃"的言论，都与瑜伽的习练追求有着相同的精神目的。今天，瑜伽作为健身爱好者喜爱的运动已在中国发展30余年，迎合着当下快节奏生活中年轻人调理身心、放松精神需求的同时，广泛吸引了大学生群体的加入，瑜伽进入高校数十年，对当代在校大学生的体质、德育、美育的发展起到了巨大的助推作用。

该运动独特的习练方式将身、心、精神和谐统一，既能缓解紧张的学习压力，给予在校生精神慰藉，又具备塑形燃脂的锻炼效果，满足了广大高校女生对休闲健身的诸多需求。高校广泛将这一运动列入体育课的教学内容，高校体育协会针对瑜伽开展了相应的大学生体育运动赛事，

---

[1] 收稿日期：2022年11月。
[2] 刘倩哲，中瑞酒店管理学院职教人员。

促使越来越多的学生热爱、追求这一运动,许多女学生毕业后依然坚持练习瑜伽,践行着终身体育精神。笔者在多年的瑜伽课教学及训练中,目睹了瑜伽对高校女生的身心改变,对其学习、成长、心性起到的积极作用,希望为高校瑜伽的发展提供一定的借鉴建议。

一、瑜伽哲学对高校女生正确价值观的影响

(一) 高校瑜伽的特点

与社会中以健身、塑形为主要目的的瑜伽馆不同,高校瑜伽的课程设计更加注重大学生心智发展及精神层面的需求,以瑜伽典籍中严谨的练习方法为理论指导,加以体式实践,践行瑜伽对当代女大学生群体的身心修炼,帮助新时代青年人寻找内心深处真实的自我需求、奋斗目标,以及对积极人生的思考。

(二)《瑜伽经》在教学中的理论实践

瑜伽作为一项完整的关于身体、心理及精神的练习体系沿袭至今,它的习练始终建立在古印度哲学基础之上,约公元前300年,帕坦伽利创作了《瑜伽经》,该著作系统、规范地阐明了如何通过瑜伽的习练愉悦身心、充实精神。

《瑜伽经》中提出了瑜伽修习的八个阶段,即"瑜伽八支"学说的八个练习步骤,它对应着高校女生瑜伽训练的素质教学内容,以其中的两个步骤"制戒"和"内制"为例,导向积极、正向、乐观的教学目标。

第一阶段——"制戒"。它强调非暴力、求真、不偷盗、节制、不贪婪。帕坦伽利引导人们遵循制戒的五个方面,从而改变思路。这些戒律是社会和个人道德的规范,对高校女生外在行为的改进起到积极的指导作用。它的哲学理论帮助高校女生在复杂的物质世界中学会自我克制、自我约束。

第二阶段——"内制"。它强调精神的净化,摆脱仇恨、激情、愤怒、贪婪、自满等情感烦恼,净化心智,消除杂念。引导高校女生改善内心环境,做到行为规范;追求纯净、自足、自律、内省,不过分贪图玩乐、享受;求真务实地潜心学习,不投机取巧。树立端正的态度、正确的思维方式,为体育精神的践行创造更好的条件。

瑜伽哲学理论的学习是体式训练的先修课程和先决条件。它的哲学思想告诫高校女生，瑜伽的练习不限于各种花哨的动作或难度的体式。它的教育思想使学生对瑜伽有更深刻的认识及感悟，潜移默化地引导学生修身律己，树立正确的价值观、人生观，回归内心，自律坚强地面对生活、学习，踏踏实实做人。

（三）瑜伽哲学理论与高校女生的认知契合

新时代的女大学生伴随着网络信息的飞速发展，以及手游等各种自媒体新鲜事物的发展而成长。她们个性鲜明、视野开阔、见多识广，且易被各种新鲜事物吸引，面对新鲜事物，她们更加注重切身体验，更喜欢那些能够给自己带来情感慰藉和心性滋养的事物。她们普遍认可瑜伽带来的理想身心状态，追求身体放松的自由体验，这正契合了新时代女生接纳新事物的特质。

"瑜伽八支"从前期修习的精神内涵，到后期精进的高级体式，都迎合了学生成长的需求。这在良好价值观的养成、学生的个人成长、校风建设方面起到重要作用。

二、瑜伽高阶体式训练对高校女生专注力的提升

（一）瑜伽高阶体式训练的目的

瑜伽体式历经数千年的发展演变，已经能够完整地调动身体的骨骼肌、神经及腺体，使之得到科学的锻炼。体式训练可以使高校女生获得良好的体格，使身体变得强健而富有弹性、柔韧且兼备力量，体式训练的最终目的及训练大脑的专注力。高校女生每学期进行规律的瑜伽系统训练，养成自律、坚持的习惯。随着日复一日的练习，体式训练精进的同时，学生的身体协调力、专注力等得到同步增强，通过身体与大脑的联结达到高度的一致性。

（二）瑜伽高阶体式训练的意义

高阶体式也被称为高难度体式，是由基础的初阶体式反复练习、逐步精进而达到的高阶水平，是建立在骨骼肌长久锻炼基础之上的，它需要在身体的协调性、平衡性、力量与柔韧的协同下完成。高难度动作一

般与倒立、后弯、平衡相关，带有一定的危险性，如果不能很好地集中专注力，那么在动作完成过程中易受伤，这就要求练习者具备较强的身心结合的训练基础。

高难度瑜伽体式的训练过程是意识配合身体训练的过程，既是训练专注力的绝佳机会，又是正念的实践。在高阶体式中，身体的控制与呼吸节奏同步，肌肉群的力量与柔韧趋于平衡，此时的专注是通过高强度的静止达到的状态，并且越专注，高难度体式的持续时间越长，两者相辅相成。在较短的时间内保持精神的高度专注，通过这种方式进入的状态相当于短暂冥想，这种意识专注于身体与呼吸的合一状态。这是练习瑜伽的真正目的，也是瑜伽的精髓。

（三）流瑜伽训练对专注力提升的帮助

高校女生的瑜伽训练多以动态阳性流瑜伽为主，流瑜伽是体式行云流水的串联，这种练习可以很好地调动练习者的专注力，流瑜伽亦被称为"动态冥想"，训练过程中感官内收，心意专注于身体的流动与呼吸，彼此联结且心无旁骛，此状态下训练者身体享受着锻炼的过程，头脑易进入放松的状态，以配合高难度体式收尾，整个练习是训练身体与心意高度和谐统一的有效方法。

三、瑜伽练习对高校女生定力及恒心的养成

（一）进步与坚持相辅相成

高校女生正值青春年华，接受的新鲜事物种类繁多，参加的活动丰富多彩，她们能在诸多的事物中找到一项或几项内心所爱并一直研究探索，这都是对定力及恒心培养的积极促进。

她们在长期的训练中惊喜地发现自己可以头手倒立，兴奋之情溢于言表。这种悄然来临的惊喜和进步，使她们发现瑜伽是具有直觉价值的运动，她们能在训练中产生信念，从而越发积极。这验证了乔伊斯所说的话"做你的练习，一切则会随之而来"，这句话便是对体式练习坚持的肯定。练习者在练习中得到了进步，又在进步中找到坚持的恒心，两者相互促进，相辅相成。

（二）瑜伽比赛对高校女生坚持训练的促进作用

瑜伽比赛的设立为高校女生提供了展示自己的舞台，对喜爱瑜伽、坚持练习的高校女生而言，这是难得的自我展示、自我肯定的机会，也是年轻人坚持和努力的方向。

在系统训练中，比赛会激励她们制定目标，朝着高校瑜伽比赛的最高水平努力，突破自己以往的水平，激发自己不断挑战高阶体式，努力成为佼佼者。在瑜伽比赛中斩获佳绩，是高校女生上进心的显化，这些都是坚持训练的理由，也是朝着愿景持之以恒的动力。

（三）长期的体式训练是冥想体验的前提

在"瑜伽八支"中，依据瑜伽练习的先后排序，瑜伽的练习要先经过"体式"阶段对身体进行"驯服"，更好地开启"冥想"。高校女生经历过规律的瑜伽体式训练后，肌肉群、腺体、神经的功能都得以提升，骨骼肌变得强健、稳定和轻盈，并且在长久的有氧训练下，呼吸法的练习大幅度增强了呼吸的延长和控制。稳定的身体和肌肉群、均匀的呼吸，以及专注力，是准备冥想与打坐的基本条件。舒适的坐姿是冥想者的理想姿势。

四、冥想训练对高校女生心理健康的促进

（一）高校女生心理问题的来源

高校女生在校期间不仅要面临繁重的学业压力，而且要应对就业、情感、社交、生活等许多方面的问题。高校女生面对外部环境的影响时，缺乏独自理解问题、处理事情的能力，若不能及时得到父母、教师的帮助，容易造成情绪的紧张和焦虑，严重者甚至会出现一系列心理问题，如自闭、失眠、自卑。

世界卫生组织对健康的定义不再限于强健的体魄，心理健康也是健康的重要方面。大学阶段是人生的关键时期，大学生既是祖国的希望，也是社会未来发展的栋梁，各高校均在关爱大学生心理健康方面做出了相应的举措，正念课程、冥想课程随之广泛开展。

（二）冥想对心理压力缓解的帮助

"瑜伽"一词在《瑜伽经》中的准确定义为"调伏自心"。它源于梵文音译，有"结合、联结"之意，即为达到冥想而集中意识，通过瑜伽训练达到身体、心理和精神的和谐统一。

在安静的环境下，配合冥想语音的引导，使身体放松下来，紧张的大脑在专注中排除杂念的干扰，感官与放松的身体同时开启休息的状态，为冥想创造充足的条件。进入冥想状态时，大脑可以缓解紧张的神经，消除恐惧、焦虑等负面情绪，逐步进入阿尔法脑波，此时人的意识是清醒的，身体依然保持着放松，由此产生平稳的呼吸，心率降低，精神上的压力随之释放。冥想的过程是进入内心精神世界探索，找寻内心深处的平静，从而产生信念及积极乐观的情绪。

语音冥想、脉轮冥想的训练可以帮助高校女生学会自我放松、自我调整。笔者在多年的瑜伽教学中发现，接受过长期瑜伽冥想训练的女学生普遍乐观开朗、热爱生活、上进心强。这在一定程度上验证了冥想对焦虑的排解、压力的释放及负面情绪的消减起到积极作用。

五、瑜伽训练对高校女生体态、气质的提升

（一）瑜伽训练有助于提升高校女生的休闲审美

高校女生正值青春时期，不会肤浅地追求皮囊之美，她们追求建立在饱读诗书、内心富足之上的独特美。

通过长期的瑜伽训练，在优雅的肢体美中体悟瑜伽的运动美学，在每一次的练习中，优雅的动作配合和谐的音乐，这都是感官敏感的提升和感觉的释放表达，这是通过瑜伽训练建立起来的休闲审美体验。她们追求挥洒汗水的运动之美，享受瑜伽带来的自由体验，具有乐观积极的生活态度。

（二）瑜伽训练有助于纠正高校女生的不良体态问题

瑜伽属于无器械有氧运动，大部分动作是对深层肌肉的强化练习，对女生常见的不良体态（如圆肩、驼背、骨盆前倾、脊柱侧弯、O形腿、X形腿）起到相当显著的纠正作用。

眼镜蛇、下犬式、骆驼式、轮式等开肩体式都是纠正圆肩驼背体态的体式；臀桥式、战士三式、蝗虫式、弓式等强化臀部的体式皆可帮助骨盆回到中立位，改善女生常见的骨盆前倾问题；猫式、虎式、风吹树式皆为灵活脊柱的体式；幻椅式、站山式、擎天式皆为强化腿部根基、增强双腿肌耐力的体式。这些体式皆可对应不良体态的纠正及修复，在长期的瑜伽训练中，深层肌肉对骨骼的改善、韧带的伸展，除缓解身心疲劳之外，还可带来显著的塑形美体效果。

六、结语

将瑜伽训练引入高校，不断深化训练教学研究，将瑜伽课打磨成新型、科学且适合于中国高校的体育课，成为符合新时代青年学生身心发展需求的休闲体育课程。这是一个良好的开端，也是一条要坚持并不断发展、创新的道路。

瑜伽训练使身心得以均衡发展，有助于学生塑造乐观积极的人生价值观，满足了新时代高校女生对流行运动、新事物的认知需求，是高校体育训练课程兼收并蓄的体现。

参考文献

[1] 帕拉瓦南达，伊舍伍德. 现在开始讲解瑜伽：《瑜伽经》权威阐释 [M]. 成都：四川人民出版社，2006.

[2] 艾扬格. 瑜伽之光 [M]. 王晋燕，译. 北京：当代中国出版社，2017.

[3] 敖成兵. Z世代消费理念的多元特质、现实成因及亚文化意义 [J]. 中国青年研究，2021（6）：100–106.

[4] 瓦殊戴夫. 内在工程 [M]. 林麟，李雅梅，李艳萍，译. 北京：中国青年出版社，2019.

[5] 潘立勇. 休闲与文化创意 [M]. 南京：南京大学出版社，2019.

[6] 斯考特. 阿斯汤伽瑜伽 [M]. 饶秋玉，译. 沈阳：辽宁人民出版社，2007.

[7] 沙吉难陀. 巴坦加里的瑜伽经 [M]. 陈景圆，译. 北京：商务印书馆国际有限公司，2016.

体验式教学在大学生心理健康教育课程中的探索
——以中瑞酒店管理学院"悦心俱乐部"为例[1]

陈诚[2]

摘　要：在倡导各高校要不断创新心理健康教育的教学手段和方法，丰富教学内容和教学形式的大背景下，中瑞酒店管理学院在心理健康教育教学过程中探索出悦心俱乐部体验式心理活动课的教学模式。悦心俱乐部充分调研后，形成了以学生心理体验为基础，以活动设计为载体，以提高学生人际交往、团队合作、情绪管理、压力与挫折应对、生涯规划等方面的能力为教学目标的课程设计思路，并将通过课堂实时评价、课程满意度问卷调查及教务系统教学评价三种方式对教学效果进行评估。

关键词：教学探索　体验式教学　大学生心理健康教育

2017年12月，中华人民共和国教育部印发的《高校思想政治工作质量提升工程实施纲要》明确指出，要把"心理育人"列为"十大育人体系"之一，各高校要深入构建心理的教育教学和实践活动，统筹推进课程育人。中华人民共和国教育部印发的《高等学校学生心理健康教育指导纲要》明确提出，高校要创新心理健康教育教学手段，有效改进教学方法，通过体验活动、行为训练等激发大学生学习兴趣，提高课堂教学效果。这对高校心理健康教育的课程化和创新性提出了新的要求。

中瑞酒店管理学院（以下简称"中瑞"）悦心俱乐部是学生素质课堂的重要组成部分，本课程旨在通过开展有趣又不乏专业性的心理素质拓展活动，让学生在轻松活泼的课堂氛围中放松身心、发展新的人际互动、

---

[1] 收稿日期：2021年11月。修订日期：2021年12月。
[2] 陈诚，中瑞酒店管理学院教学事务部，中级德育师，应用心理学硕士。主要研究方向：大学生心理健康教育。

培育健康的心灵。从本质上说，悦心俱乐部是一种互动体验式课堂，体验式教学就是根据学生的认知特点和规律，为学生提供真实或模拟的情景和活动，使学生在亲自参与活动的过程中理解并建构心理知识，培养学生分析问题、处理问题的能力，通过体验式活动使学生与其他参与者进行充分的交流。得益于中瑞独特的教学模式和教育理念，中瑞的学生思想活跃，善于实践操作。体验式教学与中瑞学生的知识基础、思维方式和心理特点高度契合。因此，体验式心理活动课既符合新时代下社会和国家对高校心理健康教育课程的要求，也符合中瑞学生的实际需求。

一、悦心俱乐部课程的设计思路

体验式心理健康活动课并不属于专业性的心理学教育课程，其主要目的不在于心理学基本概念与基础理论知识的教学。体验式教学在心理健康教育课中的运用应该要以学生直接体验为核心，注重情绪情感的共鸣；以心理体验为基础、以活动设计为载体，提高人际交往、情绪调节、生涯规划等方面的应对能力，提升心理素质；不空洞地讲授理论知识，不以学科知识为中心，而是以学生为中心；注重学生内心的真实体验，鼓励学生在活动中大胆表达、主动分享。

基于以上特点，中瑞悦心俱乐部课程在教学目标、教学方法和教学内容上有相应的设计思路。

（一）教学目标聚焦于能力和素质层面

悦心俱乐部的课程是体验式的心理健康活动课，心理学的相关概念和理论知识不是教学的主要目标，学生只需要了解大学生心理健康基本概念，如大学生常见的心理困扰、大学生心理健康的标准、情绪 ABC 理论、人际关系的影响因素等与大学生心理健康息息相关的基本内容。

从能力和素质层面来说，悦心俱乐部课程的教学目标是使学生能识别不良情绪，学会有效管理情绪；能建立和谐的人际关系，建设性地处理人际分歧与冲突；能正确地面对情感、学业及生活中的各种挫折。在此基础上，建立自信、自尊和自爱的自我意识，遵守行为规范，用积极的心态面对挫折和压力，塑造平和、豁达、阳光的心态，从而在团体中获得新的人际体验，使得自己的人际模式变得更加灵活，最终能够把在团体中习得的人际体验迁移到实际学习和生活中。

（二）教学方法注重互动性

悦心俱乐部课程的教学方法基本上摒弃了传统的讲授法，采用更加注重学生体验感和参与感的教学方法，如小组合作、角色扮演、案例讨论、沉浸体验、主题分享等，引导和启发学生主动探究、体验感受和积极分享。

（三）教学内容符合学生实际

心理健康活动课符合学生的实际需要时，才能引起学生的关注和参与。悦心俱乐部课程必须坚持"从学生中来，到学生中去"。中瑞学生心理健康活动主题的需求调研发现，中瑞学生对"情绪管理""职业规划""时间管理""人际交往""学业或就业压力"等内容比较感兴趣。中瑞学生对心理健康活动主题的需求如图1所示。

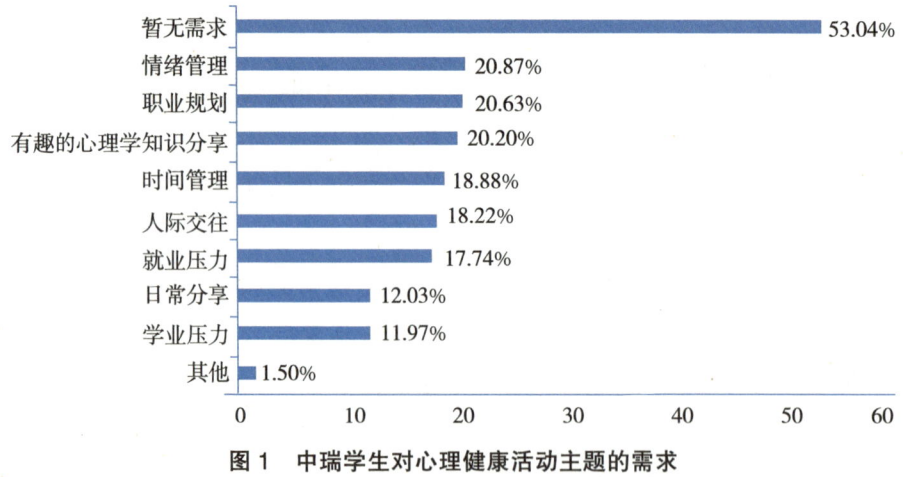

图1　中瑞学生对心理健康活动主题的需求

根据调研结果，并结合"瑞·悦"成长季总体教学活动安排，悦心俱乐部课程构建了人际交往、团体沙盘体验、情绪管理、挫折与压力管理和职业生涯规划五个主题的内容体系。

二、悦心俱乐部课程的具体实施

第一次课的主题为人际交往。主要内容包括人际沟通、人际冲突的

第五部分 Health和Happiness——持续发展篇

处理与应对、团队合作。班级 20 名同学在本课堂初次见面，互相之间可能不了解，为了让同学尽快熟悉彼此，营造良好的团队氛围，特意设计了团队破冰相识活动——"指定乾坤"和"刮大风"。破冰活动结束之后，进行人际交往的主题活动，即关于人际沟通的"传话筒"活动，关于人际冲突的"踩刹车"活动，关于团队合作的"飞鸽传书"活动。

第二次课的主题为团体沙盘体验。团体沙盘活动就是所有团体成员按照一定的顺序分别进行沙盘的制作，它可以促进团体成员人际互动的改善，增强团体成员的共感，减少消极的自我评价，呈现多样化的资源和观点，创造心灵的归属，增强成员的责任感。团体沙盘活动可以进一步建立良好的团队氛围，为以后课堂的分享、自我表露及主题讨论创造安全的心理环境。团体沙盘活动如图 2 所示。

图 2　团体沙盘活动

第三次课的主题为情绪管理。主要内容包括情绪识别、情绪认识和情绪宣泄。在情绪识别环节设计"情绪表演"活动，即每个同学把自己分到的情绪词表演出来，表演结束之后让其他同学猜，完成之后把这个情绪词填入"情绪象限"中。在情绪认识环节，设计"情绪遥控器"活动，帮助同学认识自身存在的非理性信念，寻找替代性的合理认知方式。在情绪宣泄环节，设计"开心呼吸法""愤怒解决练习"和"雨点变奏曲"活动，让同学学会用不伤害自己和他人的办法宣泄负面情绪，释放情绪。

第四次课的主题为挫折与压力管理。本次课程通过"逆境求存"活动，让同学回顾以往挫折的经历，发掘自身拥有的积极资源；通过"压力管理锦囊：脑力激荡"活动，使同学感受集体的智慧，发挥每个人的作用，共同寻找压力管理的有效办法；通过"天使与魔鬼"活动，帮助同学认清自我的内在冲突，看到自己的积极面和消极面，帮助团体成员借助外部的智慧，增加自己内心积极的力量。

第五次课的主题为职业生涯规划。本次课程通过"六岛环游"活动，帮助同学了解霍兰德的职业生涯理论，探索自我的个性、能力与职业类型之间的关系；通过"工作价值拍卖"活动，帮助同学认清自己的工作价值观；通过"生涯幻游"活动，帮助同学提前"体验"自己期待的职业生活，对于未来给予相应的规划。

三、悦心俱乐部课程教学效果的评估

体验式心理活动课作为一种课程形式，有自己的教学环节和教学内容，因此是可以对它进行评价的。悦心俱乐部课程效果的评估将综合运用课堂实时评价、课程满意度问卷调查及教务系统评价三种方式，使教学效果的评估更具真实性和有效性。

（一）课堂实时评价

体验式活动课中创设的活动情景具有实时性，学生在活动现场的直观印象和内心体验可以较好地反映学生的心理状态和情感反应。因此，每一次活动课结束之后，学生会分享自己的感受和收获。任课教师根据学生的分享及时收集和整理他们对课程的评价具体内容。

（二）课程满意度问卷调查

最后一次课程结束后，任课教师在课堂上会采用网络匿名问卷调查的方式对学生进行关于本课程的主题、内容、活动设计、课堂氛围、评分方式等内容的满意度调查。

（三）教务系统教学评价

课程结课之后，学院的教学管理与服务中心会依托综合教务系统对课程进行教学评价，此部分教学评价的结果将计入本课程教学效果的评估。

四、结语

高校心理健康教育工作是高校人才培养体系的重要组成部分，也是高校思想政治工作的重要内容。高校心理健康教育课程教学手段、教学方法应多样化。中瑞在心理健康教育教学过程中探索出悦心俱乐部体验式心理活动课教学模式，悦心俱乐部课程坚持以学生为中心，基于对学生需求的调查结果，确保课程设计和内容贴合学生实际需求，符合学生的特点。通过营造平等交流和真诚互动的课堂氛围，让学生在课堂中能够积极参与、分享和讨论，打开自己内心，从而有感悟、有思考、有表达，最终有行动，真正实现"心理育人"和"课程育人"。

参考文献

[1] 蓝强. 对体验式教学的思考 [J]. 中国教育技术装备，2010（9）：64–65.

[2] 蒋常香，毛莉婷，刘小青. 体验式教学在高校心理健康教育课程中的实践探索 [J]. 教育学术月刊，2013（12）：76–80.

[3] 薛春艳. 大学生心理健康教育课程体验式实践教学探赜 [J]. 学校党建与思想教育，2020（9）：72–73，79.

[4] 张韬. 探索鲜活、实效的心理健康教育活动课：以 2020 年河北省心理健康教育活动评优课为例 [J]. 教育实践与研究（C），2020（12）：34–35.

[5] 张日昇. 箱庭疗法 [M]. 北京：人民教育出版社，2006.

[6] 施丽君. 班级心理辅导活动课评价指标体系的建构研究 [D]. 金华：浙江师范大学，2005.